PROJET
DE
RÉORGANISATION
RATIONNELLE
ET
D'AMÉLIORATION
DU
MATÉRIEL DE L'ARMÉE

PRÉSENTÉ PAR

NORBERT MANDON

INGÉNIEUR CIVIL, ANCIEN ÉLÈVE DE L'ÉCOLE CENTRALE,
EX-SOUS-OFFICIER AU MATÉRIEL DE L'ARTILLERIE PONTIFICALE.

Prenons le perfectionnement des armes à feu pour base du perfectionnement de l'organisation de l'armée.
L'artillerie jouant un rôle décisif, tout doit concourir à augmenter sa puissance, à la seconder et à rendre celle de l'ennemi moins meurtrière.

Vendu au bénéfice de l'Œuvre de la Libération du Territoire.

CLERMONT-FERRAND
TYPOGRAPHIE FERDINAND THIBAUD, IMPRIMEUR-LIBRAIRE
Rue St-Genès, 8-10.
1872.

PROJET

DE

RÉORGANISATION

RATIONNELLE

ET

D'AMÉLIORATION

DU

MATÉRIEL DE L'ARMÉE

PRÉSENTÉ PAR

NORBERT MANDON

INGÉNIEUR CIVIL, ANCIEN ÉLÈVE DE L'ÉCOLE CENTRALE,

EX-SOUS-OFFICIER AU MATÉRIEL DE L'ARTILLERIE PONTIFICALE.

> Prenons le perfectionnement des armes à feu pour base du perfectionnement de l'organisation de l'armée.
>
> L'artillerie jouant un rôle décisif, tout doit concourir à augmenter sa puissance, à la seconder et à rendre celle de l'ennemi moins meurtrière.

Vendu au bénéfice de l'Œuvre de la Libération du Territoire.

CLERMONT-FERRAND

TYPOGRAPHIE FERDINAND THIBAUD, IMPRIMEUR-LIBRAIRE

Rue St-Genès, 8-10.

1872.

Dédié

A Son Excellence Monsieur le Maréchal

de Mac-Mahon.

PRÉFACE.

Les malheurs dont la Providence a permis que la France fût accablée pendant la dernière guerre ont fait verser bien des larmes. Il ne suffit pas de les déplorer ; il est du devoir de chacun de faire ses efforts pour en prévenir le retour.

Rechercher ce que notre système militaire français a de défectueux pour l'améliorer, faire progresser l'*organisation* de l'armée dans la même proportion que son matériel, et le perfectionner encore s'il se peut, est un devoir vraiment patriotique.

C'est un devoir que l'on accepte avec d'autant plus de peine que son accomplissement doit susciter plus de difficultés et d'ennuis, à cause de la circonspection exagérée avec laquelle on accepte, en France, toute idée nouvelle, et du peu de confiance avec laquelle on consent à l'examiner sérieusement et impartialement.

Autant est admirable le respect des vieilles traditions, qui tend à disparaître, autant est ridicule le profond attachement à l'esprit de routine.

Je ne crains pas de m'exposer à la critique des hommes compétents; je la désire, je l'appelle de tous mes vœux, persuadé qu'ils trouveront beaucoup à modifier et à améliorer dans ce que j'ai l'honneur de leur proposer. Mais je leur expose mon système avec une certaine confiance, persuadé qu'ils pourront y trouver au moins quelques idées pratiques.

Le but principal que je me propose est de donner aux différents corps qui composent une armée l'homogénéité qui leur a souvent manqué, en faisant converger les efforts de tous vers le même but, et leur en facilitant les moyens. J'en appelle donc au patriotisme de MM. les officiers de toutes armes, pour qu'ils fassent abnégation de beaucoup d'idées préconçues de rivalités, de supériorité d'un corps sur un autre, qui affaiblissent l'armée en la divisant, tandis qu'il faut s'efforcer de développer le principe d'union mutuelle qui est un des plus puissants éléments de force. Je supplie donc MM. les officiers de ne pas perdre de vue que s'ils sont appelés à servir avec des attributions et sous des noms différents, c'est sous le même drapeau qu'ils doivent combattre.

Je suis sûr d'avance de rencontrer plus de détracteurs systématiques que d'appréciateurs sérieux. La réflexion éloigne souvent la malveillance, j'en demanderai un peu au lecteur. Il m'est bien permis, sans avoir l'outrecuidance d'un avocat qui s'arroge le ministère de la guerre, d'exprimer quelques désirs à l'endroit des modifications à apporter à l'organisation et au matériel de l'armée, au fur et à mesure de son renouvellement.

NORBERT MANDON.

CHAPITRE PREMIER.

Considérations générales.

Les réformes à opérer dans l'armée française sont de deux natures.

Les unes portent sur le mode de recrutement et d'instruction des troupes. Elles ont pour but de permettre d'en augmenter énormément l'effectif à un moment donné, et d'avoir des hommes prêts à entrer immédiatement en campagne, tout en évitant la lourde charge d'un entretien permanent.

Les autres consistent à améliorer l'organisation en ce qui concerne la constitution générale des corps de troupe et leur matériel.

Les dernières sont les seules dont il sera question.

Le nouveau système de guerre a augmenté considérablement l'importance du *tir*, en diminuant dans la même proportion celle du *choc*.

L'arme blanche ne joue plus qu'un rôle très-secondaire, et, malheureusement pour le caractère français, la valeur individuelle s'efface en grande partie devant l'habileté et la promptitude du tir.

Les inventions contemporaines et les progrès de l'industrie peuvent être d'une application très-utile à l'art de la guerre.

Les événements qui se sont accomplis pendant la guerre de 1870-71 ont prouvé que l'artillerie ne sert plus seulement à renforcer les troupes d'infanterie dans une bataille rangée, comme dans l'ancien système de guerre, mais qu'elle y joue le rôle principal.

La réforme la plus nécessaire à apporter à l'ancienne organisation militaire consiste donc dans l'augmentation très-considérable de l'effectif de l'artillerie. Son rôle a acquis une importance toujours croissante depuis l'adoption universelle de la rayure et des projectiles explosibles. L'emploi de la mitrailleuse, dont le rôle est tout différent de celui du canon, qui lance à grande distance des projectiles agissant par leur masse et leur explosion, et qui représente la mousqueterie arrivée à son plus haut degré de perfection, vient presque doubler son importance.

L'étendue des lignes de bataille augmente considérablement avec l'immense portée des canons et la facilité de concentrer rapidement une grande quantité de troupes et de matériel sur le même point, avec l'aide des chemins de fer.

Les troupes éprouvent donc un plus grand besoin de mobilité, puisqu'elles ont de plus grandes distances à parcourir rapidement pendant l'action.

La grande rapidité du tir, d'où résulte une consommation immense de munitions et le besoin de s'en approvisionner abondamment, ne sera pas une considération moins importante que les conditions de mobilité, pour alléger, autant que possible, l'armement et l'équipement du soldat.

La grande portée des canons devient une cause de difficulté souvent très-grande pour donner aux réserves une position convenable. Ou on les éloigne assez des premières lignes pour les mettre à l'abri du tir de l'artillerie ennemie, ou on les en rapproche davantage pour les placer sous l'arcade du premier ricochet de l'obus. Dans le dernier cas, elles seront souvent atteintes par le feu de l'artillerie, tandis que dans le premier, elles courent le risque de ne pas pouvoir arriver à temps au secours des premières lignes qui viendraient à fléchir, si elles n'ont pas une extrême mobilité.

Le service d'observation des mouvements de l'ennemi devient plus nécessaire et plus difficile qu'avec l'ancien système de guerre, puisqu'il doit s'exercer sur une plus grande étendue. Il en sera de même des feintes en vue de tromper les observations de l'ennemi.

La précision du tir et la nécessité d'évaluer les distances pour régler la hausse, fera exclure de l'équipement du soldat tout objet de couleur voyante, qui devient pour lui une cause de danger de plus.

Armer et équiper le soldat de manière à rendre son action la plus *efficace* (meurtrière ou seulement utile, selon les circonstances), et à diminuer pour lui, autant que possible, le danger et les fatigues, tel doit être l'esprit de l'organisation moderne d'une armée.

On devra exclure les idées de pure fantaisie dans l'équipement, qui donnait à l'armée un caractère de représentation trop théâtral plutôt que sérieux, aux dépens du soldat lui-même et au prix de dépenses considérables.

Il conviendra donc d'unifier l'armée, en fondant en un seul les corps qui n'ont de différent que le nom et l'uniforme. Seulement, la formation de quelques corps (ou mieux de fractions de corps qui se retrouveront partout) *spéciaux* par la nature de leur armement approprié à la nature des services spéciaux qu'ils doivent rendre, me semble nécessaire.

Encore ne les admets-je qu'à la condition que les soldats de toutes armes et de tous corps soient en état de se suffire à eux-mêmes en toutes circonstances, sans le concours trop assuré de ces corps spéciaux, très-utiles dans certains cas.

Mais l'idée principale à laquelle doivent se rattacher toutes les autres est que :

« L'artillerie acquérant le premier rôle, l'infanterie et la cavalerie doivent être à même de la seconder activement, et de concourir à rendre celle de l'ennemi moins meurtrière. »

CHAPITRE II

Artillerie.

1. *Nombre de pièces.* — Fixer le nombre de bouches à feu qui doivent entrer, par mille hommes, dans la constitution normale d'un corps d'armée, telle est la première question à se poser.

Elle est vraiment trop grave pour que je veuille même essayer de la résoudre. Il n'appartient qu'à des hommes très-expérimentés de le faire; je leur en laisse le soin.

Mais, jusqu'à ce que leur expérience ait résolu définitivement la question, j'accepte la proportion établie dans l'armée prussienne : six pièces par mille hommes. Elle simplifie du reste la composition des corps embrigadés, en les formant d'autant de batteries d'artillerie (de 6 pièces) que de bataillons d'infanterie (de 1,000 hommes environ).

Les deux unités de manœuvre de chaque arme, batterie et bataillon, se correspondent comme par numéro, ou au moins en même nombre, dans la composition de chaque unité stratégique : la division.

2. *Métal des canons.* — Continuera-t-on de fondre les canons de campagne en bronze, ou remplacera-t-on le bronze par l'acier? Telle est l'autre grave question qui s'agite dans le monde militaire et dans le monde industriel.

Il n'appartient qu'à l'expérience d'y répondre. Mais, en attendant qu'elle soit plus complétement acquise, le rapprochement de deux faits bien connus témoigne en faveur de l'adoption de l'acier fondu. D'une part, on a fait de grands efforts pour alléger et rendre plus transportable l'ancien canon de campagne en bronze. De l'autre, l'insuffisance de calibre du canon de 4 rayé de campagne, est actuellement reconnue, et on le remplace par le canon de 7.

Il y aurait lieu de craindre que le canon de 7 en bronze ne devînt trop lourd et n'exigeât pour son service six chevaux au lieu de quatre, et un plus grand nombre d'hommes pour le mouvoir à bras.

L'acier étant beaucoup plus résistant que le bronze, à égalité de section, et, par suite, à égalité de résistance, beaucoup plus léger, son emploi satisferait aux deux conditions qu'il semble difficile de concilier.

Les difficultés de fabrication de la pièce d'acier seront certainement levées par les soins que l'industrie apportera à une fabrication qui s'est déjà beaucoup améliorée dans ces dernières années et qui s'améliorera encore.

Quelques soins pourront mettre la pièce à l'abri des dangers d'explosion, pour les premiers coups, par un froid trop rigoureux, et au bout d'un long usage, par le fait du changement d'état moléculaire produit par les vibrations.

Le bronze ne présente pas ce double danger, mais il est trop pesant.

Du reste, l'expérience déjà faite par les Prussiens, pour l'emploi de l'acier, semble déterminant, et l'industrie métallurgique française est bien à la hauteur de l'industrie allemande, ou elle y arrivera rapidement si elle lui est inférieure.

3. *Modèle du canon.* — Le canon se chargeant par la culasse a, sur le canon se chargeant par la bouche, le double avantage de lancer des *projectiles forcés* et d'être moins dangereux à servir, placé dans une embrasure.

Le premier avantage me paraît à lui seul trop considérable pour ne pas compenser largement les deux inconvénients d'une plus grande complication et d'un peu moins de rapidité dans la manœuvre, pour une pièce de calibre moyen, à recul libre.

Je me déclare donc très-partisan de son adoption pour tous les calibres et tous les services : de campagne et de siége comme de rempart, de marine et de côte.

La fermeture de culasse par un tampon à vis à filets interrompus, employé dans la marine française, me semble préférable au système Krupp, de fermeture à tiroir transversal, employé dans l'armée prussienne.

L'introduction du tampon se faisant dans le même sens que celle de la charge, il pousse le projectile à sa place s'il ne l'occupe pas exactement, tout en comprimant la gargousse dans la chambre à poudre, mais sans qu'elle fasse obstacle à son mouvement, comme il peut arriver avec le tiroir transversal, si la gargousse n'est pas assez enfoncée.

De plus, le tampon à vis, ouvert pour la charge, est moins exposé que le tiroir transversal à être brisé ou faussé par un projectile.

Néanmoins, il me semble nécessaire que chaque pièce ait une culasse de rechange dans le coffre d'avant-train, avec ses hausses et ses outils réglementaires.

4. *Calibres.* — La nécessité d'augmenter le calibre des canons a été reconnue pour l'artillerie de campagne. La pièce de 7, de 104^{mm} de diamètre, a remplacé la pièce de 4 de $86^{mm},5$ de diamètre. L'emploi de l'acier à la place du bronze permettant d'alléger beaucoup une pièce à égalité de calibre, une modification semblable pour les pièces de réserve me semblerait de nature à produire de bons

effets. Aussi, serais-je d'avis de remplacer les pièces de réserve de 12 en bronze, de 121^{mm} de diamètre, pesant environ 600 kilos, par des pièces d'acier de 16, de 132^{mm},4 de diamètre, ayant à peu près le même poids que les premières.

Quant aux pièces de siége et de rempart, on connaît trop bien maintenant les résultats des gros calibres de la marine, employés par nécessité et faute d'autres, pour hésiter à les adopter ou tout au moins à s'en rapprocher.

5. *Pièces de montagne.* — La pièce de montagne se portant à dos de mulet dans les positions les plus escarpées, peut rendre, dans certains cas, des services d'autant plus grands qu'on ne pourrait les demander à aucune autre. L'unité de calibre des pièces de campagne et de montagne de 4 rayées rendait, pour celles-ci, l'approvisionnement des projectiles d'autant plus facile qu'ils étaient les mêmes pour les deux pièces; les gargousses seules étaient différentes.

Le poids de la pièce de montagne ne peut guère dépasser 100 kilos pour qu'elle soit facile à manœuvrer. L'adoption du calibre de 7 pour la pièce de campagne rend la conservation de cette unité de calibre maintenant impossible. En d'autres termes, l'emploi de pièces de 7, du poids de 100 kilos seulement, c'est-à-dire, de pièces dont le poids ne dépasse pas 14 fois celui du projectile, me semble en opposition trop grande avec les règles de la balistique.

Je désirerais donc voir conserver l'ancienne pièce de 4 rayée de montagne, en bronze, sans rien changer à sa simplicité, c'est-à-dire, se chargeant par la bouche et à projectiles francs, lançant l'obus, l'obus à balles et la boîte à mitraille.

6. *Projectiles.* — De l'emploi des canons se chargeant

par la culasse résulte naturellement celui des projectiles forcés. Ces projectiles seront en fonte et à enveloppe de plomb sur la partie cylindrique, retenue par des saillies transversales. Cette enveloppe porte elle-même des saillies hélicoïdales, remplaçant les ailettes.

Le tir gagnera en portée, en pénétration et en précision à l'emploi de ces projectiles.

Une des importantes améliorations à apporter à la fabrication de ces projectiles serait l'adoption du modèle cylindrique à double ogive (*Voir fig.* 1), proposé par M. Bouquet de Lagrye, ingénieur hydrographe.

Ce projectile, d'une forme également applicable aux canons et aux fusils, a l'avantage de diminuer énormément la résistance de l'air, en évitant le remous qui se produit en arrière du projectile terminé par une surface plane. (*Voir explication* (*), *à la page suivante*).

Il en résulte une grande augmentation de vitesse du projectile, par suite, une plus grande portée avec la même charge de poudre, et comme avantage plus précieux, une plus grande tension de trajectoire qui rend le tir plus efficace sur un plus grand parcours.

Ce projectile porte nécessairement un sabot en bois pour les obus et un culot en carton dur pour les balles, pour recevoir normalement la poussée des gaz produits par la combustion de la poudre.

Ce projectile a l'inconvénient d'être plus volumineux que le projectile cylindro-ogival à fond plat : cet inconvénient pourrait présenter une certaine gravité pour les pièces de campagne, en encombrant les caissons, que l'on serait obligé d'agrandir pour les approvisionner du même nombre de coups. Mais pour les autres pièces, dont l'approvisionnement de projectiles n'est pas restreint par un espace aussi limité, telles que les pièces de siége et surtout de rempart et de côte, l'avantage de leur emploi me semble très-considérable.

On pourrait du reste obvier, en partie, à l'inconvénient signalé ci-dessus, en remplaçant pour l'artillerie mobile (pièces de campagne et de réserve), la double ogive ou le fond plat des anciens projectiles, par un fond hémisphérique (*Voir fig.* 2). On diminuerait ainsi de quelques centimètres la hauteur du projectile muni de son sabot.

(*) Le mouvement d'un projectile dans l'air est comparable à celui d'un bateau dans l'eau. La résistance de l'air, comme celle de l'eau, qui augmente avec la vitesse du mobile (projectile ou bateau), ne dépend pas seulement de la forme de l'avant qui fend l'air ou l'eau et l'écarte plus facilement à droite et à gauche, selon son degré d'acuité. Elle dépend également de la forme de l'arrière, qui laisse après son passage une colonne de vide *A* dans l'air (*Voir fig.* 3), ou une zône déprimée dans le liquide, ou bien, si elle est convenablement disposée, qui fait que le milieu résistant, air ou eau, se referme instantanément et entièrement en arrière du mobile, en glissant sur toute sa surface extérieure, sans s'en séparer en aucun point (*Voir fig.* 4). Le milieu oppose ainsi à la résistance qui se produit en avant, une contre-pression constante, qui tend à l'équilibrer en arrière.

6. *Fusées d'obus.* — Grande quantité d'obus prussiens à fusées percutantes sont venus tomber dans Paris et dans Strasbourg, sans y éclater, l'extrémité percutante ne venant pas toujours frapper le sol. Un plus grand nombre encore n'a pas fait explosion en tombant, même suivant sa direction

normale, sur la neige ou sur un terrain mou ou marécageux.

Ces résultats doivent détourner de l'adoption générale de la fusée percutante.

Mais en attendant que l'on ait composé de bonnes fusées percutantes et fusantes, j'aimerais à conserver la fusée fusante pour le tir une fois établi, et avoir en réserve, dans chaque caisson, quelques obus à fusée percutante, peints d'une couleur différente des autres, blancs, par exemple, en conservant le noir pour les obus ordinaires à fusée fusante, et le rouge pour les obus à balles.

Ces obus blancs, à fusée percutante, serviront spécialement à régler la hausse lorsqu'une batterie ouvrira le feu. On verra beaucoup plus distinctement si les projectiles, éclatant en touchant le sol, viennent tomber en deçà ou au delà du but à battre, et s'il faut augmenter ou diminuer la hausse.

Pour les obus à balles qui doivent éclater en l'air et un peu en deçà du but, pour produire tout l'effet d'une volée de mitraille lancée à grande distance, on ne peut employer que la fusée fusante. Mais il importe de bien régler la distance d'éclatement. Un certain modèle de fusée satisfait très-exactement à cette condition (*Voir fig.* 5 *et* 6) : c'est la fusée à canal circulaire *L M*, à un seul évent *E*, pratiqué sur un champignon tournant *C*. Elle donne une décroissance aussi insensible et aussi précise que l'on veut, de la distance d'éclatement, à mesure que l'on rapproche l'évent *E* de la lumière *L* de l'obus, en faisant tourner le champignon autour de son axe. Elle me semble donc beaucoup mieux appropriée à l'obus à balles que la fusée à six pans et à six évents, qui ne donne que six distances.

8. *Encastrement parabolique.* — Le recul des pièces à tourillons encastrés dans les flasques produit un choc violent, qui ébranle l'affut et devient pour lui une cause de détérioration. De plus, le recul de la pièce se transmettant à l'affût, il faut, après chaque coup, la ramener à bras en avant et recommencer un nouveau pointage, au lieu de se borner à vérifier la position de la pièce. La manœuvre devient ainsi pénible et fort lente, et l'on perd une partie des avantages du chargement par la culasse.

Ces inconvénients deviennent graves, surtout pour les pièces très-pesantes de rempart ou de siége placées derrière un parapet.

On peut les faire disparaître, en grande partie, en remplaçant l'encastrement circulaire qui enveloppe le tourillon sur tout son pourtour par l'encastrement parabolique. Ces encastrements sont profilés suivant un arc concave de parabole, dont la branche supérieure se dirige vers le sommet de la courbe (*Voir fig.* 7).

Par l'effet du recul de la pièce, les tourillons glissent sur une sorte de plan incliné qui se relève de plus en plus, passant de la position T du repos à la position T' la plus élevée.

La pièce perd ainsi sa puissance vive par le fait du travail produisant l'élévation du centre de gravité, puis, en redescendant, elle vient reprendre sa première position, sans que l'ébranlement du recul se soit transmis à l'affût d'une manière bien sensible.

9. *Hausses.* — La précision du pointage est d'autant plus difficile et d'autant plus nécessaire que le tir a lieu à plus grande distance.

L'expérience a démontré la nécessité du *tir à démonter*, dirigé sur les canons et les mitrailleuses surtout, quand elles ne sont pas protégées par des canons, placés en arrière, et ce tir nécessite une grande précision.

Pour l'obtenir, le premier moyen à employer consiste à remplacer la hausse à croisillon par une hausse portant une petite lunette à réticules, de la dimension de celles des instruments de géodésie.

La hausse portant la lunette ne sera plus droite, mais sera formée d'un arc de cercle ayant pour centre le guidon, quand elle sera fixée dans le canal.

L'usage de cette hausse de précision ne sera utile que dans quelques cas et elle ne sera que de supplément. Chaque pièce conservera aussi ses anciennes hausses réglementaires à croisillon.

10. *Porte-hausse nivelant.* — La précision du tir du canon ne sera rigoureusement obtenue que si la pièce repose sur un plan de niveau.

A cette condition seulement, la hausse fera la correction exacte de l'abaissement et de la dérivation du projectile.

L'usage de la hausse à lunette ne donnera le résultat qu'on peut en attendre que si cette condition est satisfaite.

Je propose donc de pratiquer le canal de la hausse à lunette, non plus sur la culasse de la pièce, de manière à ce que le défaut de niveau de celle-ci change son inclinaison, mais sur un porte-hausse, la maintenant toujours dans sa position normale (*Voir fig.* 8). Le porte-hausse sera simplement formé d'un cercle de fer enveloppant la pièce vers la plate-bande de culasse, noyé dans une rainure, et pouvant tourner librement. Il portera à droite, le canal de la hausse, et à sa partie inférieure, un contre-poids *P* qui le maintiendra toujours, ainsi que la hausse, en position normale, quelle que soit l'inclinaison du terrain sur lequel reposent les roues et la position de la pièce sur ce terrain.

11. *Appareils de pointage.* — Les appareils de pointage actuellement employés ne donnent de précision que dans le sens de la hauteur, en réglant l'inclinaison de la pièce sur ses tourillons, au moyen de la vis de pointage; tandis que l'on n'arrive à régler l'obliquité que d'une manière assez imparfaite et par le tâtonnement, en déplaçant tout l'affût avec le levier de pointage. Dans bien des cas, cette précision, dans le sens de la hauteur seulement, est suffisante; mais pour le tir à démonter, la précision est également nécessaire dans les deux sens.

On ne peut l'obtenir, qu'en donnant à la pièce un double mouvement sur son affût : autour d'un axe horizontal (celui des tourillons) et autour d'un axe vertical.

Ce dernier ne peut être qu'excessivement limité. Si l'axe de la pièce s'écarte de la direction perpendiculaire à celle de l'essieu, le recul oblique qui en résulte fatigue les roues et peut même amener le renversemént de la pièce.

Soit α l'angle de déviation de la pièce de sa position normale, perpendiculaire à l'essieu. (*Voir fig.* 9 *et* 10).

La poussée F exercée sur la culasse se décompose en deux autres : l'une R dans le sens du roulement produisant le recul, mesurée par :

$$R = F \, Cos \, \alpha$$

Et l'autre φ produisant une poussée latérale et mesurée par:

$$\varphi = F \, Sin \, \alpha$$

Voyons quelle limite ne doit pas dépasser l'angle α pour que la poussée latérale φ ne produise pas le renversement.

Prenons les moments des deux forces φ et P (poids de la pièce), par rapport au point O, autour duquel le système matériel tend à tourner.

h mesurant la hauteur de l'axe des tourillons au dessus du sol, et $2\,l$ mesurant la largeur de la voie.

Les bras du levier de ϕ et de P sont h et l.

On a pour l'équation d'équilibre :

$$M_0 = \phi\, h - P\, l$$

$$M_0 = 0 \quad \text{d'où : } \phi\, h = P\, l$$

$$F\ Sin\ \alpha\ h = P\, l$$

$$Sin\ \alpha = \frac{P\, l}{F\, h}$$

Soient : $h = 0^m94$ } Dimensions de l'affût de 4 rayé de
$l = 0^m72$ } campagne.

$P = 700$ kg (Poids approximatif de la pièce et de son affût).

$F = 47{,}124$ kg (Poussée sur la culasse, calculée en comptant sur une pression de 6 kg par millimètre carré, sur un cercle de 104 millimètres de diamètre).

Il en résulte pour le calcul :

$$\text{Log } Sin\ \alpha = \log P + \log l - \log F - \log h$$

$$\log P = \log 700 = 2{,}845\ 0980$$

$$\log l = \log 0{,}72 = \bar{1}{,}857\ 3325$$

$$2{,}702\ 4305$$

$$\log F = \log 47124 = 4{,}673\ 2421$$

$$\log h = \log 0{,}94 = \bar{1}{,}973\ 1278$$

$$4{,}646\ 3699$$

$$-\ 4{,}646\ 3699$$

$$+\ 2{,}702\ 4305$$

$$\log Sin\ \alpha = -\ 1{,}943\ 9394$$

$$\log Sin\ \alpha = 8{,}056\ 0606$$

$$\alpha = 0^\circ\ 39'\ 7''$$

$$2\ \alpha = 1^\circ\ 18'\ 14''$$

La disposition que je propose pour donner à la pièce un

certain mouvement très-limité, de 40′ environ, à droite ou à gauche, de l'axe de l'affût, et qui m'a semblé réunir les conditions de solidité et de simplicité désirables, est la suivante (*Voir fig.* 11) :

Le tourillon droit, au lieu d'être fixé dans son encastrement, pourra se mouvoir d'une certaine quantité en avant ou en arrière de sa position normale. Le tourillon gauche, pour permettre à l'autre ce mouvement, pourra tourner dans son encastrement autour d'un axe vertical.

Le tourillon droit *t* est saisi entre deux coussinets *C*. Les coussinets qui l'enveloppent sont compris eux-mêmes entre deux clavettes verticales, l'une *E* ayant le gros bout en haut, ce sera celle de derrière, et l'autre *E′* ayant le gros bout tourné en bas, ce sera celle de devant.

Avec cette disposition, si l'on fait monter les deux clavettes d'une certaine quantité, le tourillon droit sera tiré en arrière et la pièce obliquera à droite.

L'inverse aura lieu si on les fait descendre, le tourillon droit sera poussé en avant et la pièce obliquera à gauche.

Le mouvement se transmettra à ces clavettes au moyen d'une tige *T* tournante, retenue au flasque droit par des collets de fer et portant deux petites molettes *M* dentées, engrenant avec une crémaillère *N* pratiquée sur une des faces parallèles de chaque clavette.

Cette tige est terminée en arrière par une manivelle *m* placée sous la main droite du pointeur, à côté de la vis de pointage. A la position verticale de la manivelle, la poignée tournée en bas, correspondra la position normale de la pièce, dirigée perpendiculairement à l'essieu.

Pour que ce mouvement tournant, quelque limitée qu'en soit l'amplitude, puisse donner au tir toute la précision désirable, il faut que le tourillon gauche ait de la mobilité autour de l'axe vertical *A*, autrement que par un peu de jeu laissé à l'encastrement (*Voir fig.* 12).

La disposition qui donnera le plus de solidité consiste à envelopper le tourillon gauche d'un anneau à surface extérieure cylindrique *C*, s'emboitant dans une sous-bande *B* à surface cylindrique de même rayon.

Deux sus-bandes plates soutiendront les coussinets du tourillon droit et l'anneau qui enveloppe le tourillon gauche.

La clavette de derrière *C* du tourillon droit, qui aura à supporter le choc du recul, sera comprise entre deux contre-clavettes, entre lesquelles elle pourra glisser librement sans qu'il se produise d'encoche sur les surfaces en contact avec le coussinet de derrière, ou la garniture métallique du flasque.

On peut se rendre compte de l'influence que l'emploi de cet appareil exercera sur la précision du pointage, par le calcul de l'amplitude de l'arc de 40' pour un rayon égal à la distance du tir.

	RAYONS	ARCS DE 1°	ARCS DE 40'
	m	m	m
	1	0,01745	0,01163
Extrémité de la flèche....	2	0,034	0,02326
Mouvem[t] du tourillon droit.	0,40	0,00698	0,00465
Tir ; portées.........	1000	17,45	11,63
	2000	34,90	23,26
	3000	52,35	34,89

Il est inévitable que la poussée oblique de la pièce use beaucoup plus les roues que le recul direct ; mais on ne se servira du double appareil de pointage que dans le cas où la précision du tir l'exigera, pour le tir à démonter, par exemple. Or, si l'on ne craint pas d'exposer la vie de beaucoup d'hommes pour prendre une pièce à l'ennemi, on peut bien risquer de disloquer un peu une roue pour la lui démonter à distance et presque sans danger. Le succès ne sera pas trop chèrement acquis.

Le double appareil de pointage ci-dessus décrit peut s'appliquer aux affûts à encastrements paraboliques plus simplement encore qu'aux affûts à encastrements circulaires. Le tourillon droit, au lieu d'être saisi entre deux coussinets et deux clavettes, s'appuiera en avant seulement sur un seul coussinet, commandé par une seule clavette, qui n'auront pas à résister au choc de la pièce, puisque le recul se fera librement sur l'affût.

Il résultera encore de ce recul libre sur l'affût, que l'on pourra donner plus d'amplitude au mouvement oblique de la pièce, sans s'exposer aux inconvénients de la poussée latérale.

12. *Mitrailleuses.* — La mitrailleuse représente, comme je l'ai dit précédemment, la mousqueterie arrivée à sa plus haute perfection par la sûreté et la rapidité du tir des petits projectiles par coups distincts, mais aussi rapprochés qu'on peut le désirer.

Il conviendra donc, à mon avis, de lui donner autant de légèreté qu'en comportent les conditions nécessaires de solidité, de manière à la rendre transportable en toutes positions où on en aura besoin, traînée par un seul cheval ou à bras par quelques hommes.

Il sera d'autant plus facile de l'alléger, que le recul est nul, une décharge, même rapide, ne produisant qu'une série de détonations successives et bien distinctes, qui, chacune séparément, ne peut ébranler la masse totale de la pièce et de son affût.

Cette condition d'extrême mobilité ne sera pratiquement remplie que si les caissons de munitions de mitrailleuses sont aussi transportables que la pièce elle-même.

Le système d'attelage le mieux approprié à ces conditions serait l'attelage à un seul cheval, avec une limonière qui s'assemble avec l'extrémité de la flèche, comme pour les pièces de montagne.

Chacune d'elles aura deux chevaux. Le deuxième cheval sera attelé de front ou en avant du premier, suivant le besoin de trotter ou de marcher au pas dans un chemin étroit. Dans le premier cas, le second cheval, attelé à gauche de la limonière, serait monté par le conducteur, et les servants monteront par deux sur les caissons à deux roues, attelés et conduits de la même manière.

La mitrailleuse exigeant pour son service moins d'hommes et de chevaux que le canon, je porterais le nombre de mitrailleuses à huit par batterie au lieu de six comme pour les canons. (Les raisons en sont expliquées au chapitre 8).

13. *Sacs à terre de pièce.* — Les sacs à terre étant d'une installation très-rapide, peuvent être très-utiles pour défiler les servants des pièces au moins du feu des mitrailleuses et de la mousqueterie, et pour les masquer si l'on emploie de la toile de couleur brune. Il me semblerait donc très-utile que chaque caisson en portât six ou huit paquetés sous les coffres avec deux courroies, comme la corde-prolonge sous le coffre d'avant-train du canon, de manière à les préserver de la pluie quand les voitures sont en marche ou parquées dehors.

14. *Armes portatives de l'artillerie.* — Le soldat d'artillerie doit être en état de se suffire à lui-même pour tous les besoins du service. Il convient donc de lui donner l'ar-

mement portatif complet : mousqueton et sabre-baïonnette, au lieu d'en alléger son équipement pour lui faciliter le service du canon. Si le canonnier est appelé à se servir de ses armes portatives pour défendre, en cas de surprise, des pièces en batterie ou parquées, il doit fournir un feu très-rapide. L'arme à feu la mieux appropriée sera donc le mousqueton à répétition, système Spenser, pouvant tirer sept coups sans recharger. Le sabre-baïonnette est aussi l'arme blanche la mieux choisie pour le canonnier. Elle est la plus commode pour un combat corps à corps, soit à la main, soit au bout d'un canon assez court pour que le poids n'en soit pas gênant.

De plus, une arme tranchante peut rendre, dans certains cas, au canonnier des services que ne pourrait lui rendre un poignard triangulaire, en s'en servant au besoin comme outil pour couper une corde ou une pièce de bois.

Le fourreau de tôle d'acier est également insdispensable à cause de l'usure qui résulte de son frottement sur le caisson quand le servant y est assis. Un fourreau de cuir serait promptement détérioré.

L'armement du canonnier à cheval et du conducteur consiste dans le sabre et le pistolet revolver de cavalerie, comme pour les officiers, sous-officiers, brigadiers montés et trompettes.

15. *Grades auxiliaires.* — L'habileté du pointage est ce que l'on doit chercher par-dessus tout chez le soldat d'artillerie. Quelques hommes peuvent avoir, sans posséder aucune instruction primaire qui leur rend tout avancement impossible, une aptitude spéciale pour cet important exercice; comme on peut trouver chez d'autres une aptitude spéciale pour l'exercice du cheval ou une profession ma-

nuelle quelconque. Ces hommes-là, quand ils se rencontreront, seront un des plus puissants éléments de force d'un corps d'artillerie. Le meilleur moyen de s'assurer leur concours est d'instituer les grades auxiliaires de *maîtres-pointeurs*, correspondant aux grades de brigadier pour la 2e classe, et de sous-officier pour la 1re classe.

Ces grades seront mis au concours; le nombre en sera limité dans chaque corps, mais il ne sera accordé dans tous les cas qu'aux hommes qui satisferont complétement aux épreuves du pointage.

Les maîtres-pointeurs auront un supplément de paye considérable et porteront des insignes spéciaux différents de ceux des sous-officiers et brigadiers. Ils n'auront pas l'autorité réservée à ces derniers, mais ils seront exemptés des corvées et de quelques-uns des services les plus ennuyeux pour le soldat. De plus, ils seront toujours présents aux exercices du polygone et aideront à l'instruction du soldat pour le pointage.

16. *Services de l'artillerie.* — L'effectif de l'artillerie étant augmenté dans une proportion très-considérable, on augmentera encore l'étendue des services qu'elle rendra en campagne en divisant ce corps lui-même en batteries spéciales qui agiront d'une manière propre et distincte, selon leur degré de mobilité et la puissance de leur tir.

L'artillerie a acquis, dans le nouveau système de guerre, une importance dont elle ne s'était jamais approchée dans l'ancien système, où elle ne servait qu'à renforcer les autres armes; aujourd'hui elle arrive presque à prendre leur place. Pour une attaque ou une autre opération militaire, l'artillerie montée agira comme l'infanterie le faisait autrefois, restant toujours gardée par celle-ci, tandis que l'artillerie à cheval, usant de son extrême mobilité, agira d'une manière comparable à la cavalerie. Enfin, à l'artillerie de réserve, supérieure aux deux autres par la puissance de son tir, appartiendra le rôle qui, jusqu'à présent, avait été celui de l'artillerie en général, elle servira à renforcer les deux autres.

Mais, dans les villes de garnison occupées en partie par des troupes d'artillerie, conviendra-t-il de n'employer les canonniers qu'à des manœuvres, au tir du polygone, quand cela sera possible, et au service du quartier?

Les canonniers pourront faire aussi un service de place actif qu'ils partageront avec les troupes d'infanterie et de cavalerie dans la proportion où ces mêmes troupes seront représentées, puisque l'effectif de celles-ci sera actuellement beaucoup moindre que par le passé, comparativement à celui de l'artillerie.

17. *Effectif de l'Artillerie.* — L'effectif normal de l'artillerie sera de 6 pièces par batterie,

avec 4 chevaux par pièce et par caisson de 7
6 *id.* *id.* de réserve (12 ou 16)
8 servants par pièce de 7
10 *id.* *id.* de réserve

avec un caisson supplémentaire par section de 2 pièces,
et un attelage de rechange par section de 7
id. par pièce de réserve.

Ajoutant à cela, un char de batterie avec ses deux attelages par batterie, et une forge roulante par batterie de réserve, ou une par batterie à cheval, tandis que les batteries montées, dont l'effectif en chevaux est beaucoup moindre, en auront une entre deux batteries.

Les batteries à cheval auront sept chevaux de selle par

pièce, dont six toujours montés et un de réserve. Chaque pièce de 7, représentant 6 attelages, aura 2 conducteurs de réserve, ce qui correspond à 4 conducteurs pour 3 attelages dans toutes les batteries; et d'après la même proportion, chaque pièce de réserve aura 3 conducteurs de réserve.

Ajoutant à cet effectif, les cadres composés de 14 hommes à cheval, pour toutes batteries, dont : 6 sous-officiers, 6 brigadiers et 2 trompettes, l'effectif des batteries sera, sans compter les officiers et leurs chevaux :

		Servants	Conducteurs	Cadres	HOMMES	Chevaux de trait	Chevaux de selle	CHEVAUX
Batteries	montée...	48	48	14	110	72	14	86
	à cheval..	48	49	14	111	74	56	130
	de réserve	60	73	14	147	110	14	124
	de mitrailleuses...	48	43	16	107	70	12	82

L'effectif de la batterie de mitrailleuses est établi en comptant sur 8 pièces par batterie, ayant chacune deux caissons avec un attelage par voiture.

Chaque pièce sera servie par 6 hommes, dont 4 en action et 2 en réserve.

Chaque pièce aura un attelage de rechange et un conducteur de réserve; en tout, par pièce : 6 servants, 5 conducteurs, 4 attelages.

Chaque batterie aura son char de batterie attelé de 4 chevaux, et il y aura une forge roulante pour 2 batteries de mitrailleuses.

Enfin, les cadres seront composés de 6 sous-officiers,

8 brigadiers (1 par pièce), dont 4 montés et 4 à pied, et 2 trompettes.

Régiment. — Le régiment d'artillerie serait, à mon avis, d'une administration beaucoup plus facile, et la formation des corps embrigadés, dont il sera parlé plus loin, deviendrait beaucoup plus simple, si l'on réduisait son effectif à cinq batteries (quatre de guerre et une de dépôt). Cet effectif de cinq batteries serait adopté pour trois sortes de régiments de cette arme : artillerie montée, artillerie à cheval et artillerie de réserve. Les régiments à pied, dont le commandement est plus simple et qui ne seront pas embrigadés, resteront formés de douze batteries, dont dix de guerre et deux de dépôt. Le régiment d'artillerie acquerrait ainsi une homogénéité que son trop nombreux effectif l'a empêché d'obtenir jusqu'à présent. Le régiment, ainsi formé, serait commandé par cinq officiers supérieurs, comme les régiments de cavalerie : colonel, lieutenant-colonel, deux commandants et un major.

CHAPITRE III.

Infanterie (1re PARTIE).

Les caractères propres à l'infanterie sont de pouvoir agir par le choc et par le tir, et de pouvoir occuper toutes les positions, même les plus difficilement accessibles.

L'armer d'un bon fusil et lui donner toute la mobilité possible, sont les plus sûrs moyens de satisfaire à ses conditions essentielles d'existence.

1. *Fusil.* — Les conditions balistiques que doit remplir un bon fusil de guerre sont : la portée, la précision et la tension de trajectoire.

Les conditions pratiques de second ordre sont : solidité et obturation hermétique de culasse, rapidité de chargement, simplicité, pas de risque d'encrassement et facilité de nettoyage, disposition comportant le modèle de cartouches le plus facile à fabriquer et à transporter.

L'emploi de la balle forcée cônique, la rayure hélicoïdale, l'usage de la hausse à curseur, et en dernier lieu l'adoption des petits calibres, ont satisfait aux premières conditions qui peuvent se retrouver au même degré dans beaucoup d'armes de systèmes différents se chargeant par la culasse.

Le fusil qui satisfait, à mon avis, de la manière la plus complète aux secondes conditions pratiques, est le fusil Remington.

Ce fusil, d'une rapidité de tir qui n'a de supériorité que dans les armes à répétition, peut être mis entre les mains les plus inhabiles avec la certitude que le mouvement de la charge se fera facilement, comme sans hésitation ni sans danger d'accident ou de rupture.

Il n'en est pas de même du fusil Chassepot, dont l'aiguille peut se rompre.

L'obturation de la culasse se fait par l'emploi de cartouches à douille de cuivre, aussi hermétiquement et avec plus de sûreté pour le tireur qu'avec la meilleure rondelle de caoutchouc qui sert au fusil Chassepot, et sans aucun risque de détérioration ultérieure.

La simplicité et la solidité résultent du double rôle que jouent les pièces du système et de leur forme massive.

Le chien, qui agit en même temps comme percuteur et comme arcbouteur de la culasse, remplit lui-même les fonctions de la noix et reçoit la poussée du ressort sans l'intermédiaire d'une bride ni d'aucune articulation.

Toutes les pièces mobiles sont à l'abri de l'encrassement, qui ne porte que sur l'intérieur du canon, el elles sont aussi faciles à nettoyer et à graisser qu'à démonter. Il suffit pour cela de retirer une seule vis qui retient les deux axes, celui de la culasse et celui du chien.

Le jeu de ces pièces mobiles ne peut être gêné en rien par la dilatation produite par la combustion de la poudre, qui ne se fait sentir que sur le canon seul ; et, du reste, aucune de ces pièces mobiles n'est à emboîtement, ni même à glissement, mais à rotation libre.

La disposition de ces mêmes pièces est telle, que la rouille même ue saurait en gêner le fonctionnement. Celle qui se serait produite sur les surfaces en contact de la culasse et du chien, surfaces, du reste, si faciles à graisser sans rien démonter, disparaîtrait après avoir fait jouer ces pièces quelquefois.

Tout en admirant le système ingénieux du fusil Chassepot, je n'y retrouve pas tous les avantages ci-dessus, aussi complets.

Le fusil Remington est muni d'un tire-cartouche automoteur si simple, que l'extraction de la douille vide ne peut en rien ralentir le chargement.

Le seul inconvénient que des expériences de tir prolongées m'aient révélé dans le fusil Remington, est la nécessité d'avoir des douilles métalliques pour cartouches, à bourrelet très-exactement calibré. S'il en est autrement, la culasse ne peut pas fermer à fond, et le chien retenu par la base ne peut pas se rabattre.

Mais la seule opération du chargement de la douille et de l'introduction de la balle, est un moyen de contrôle et de correction des douilles mal calibrées. Chacune passe par un mandrin en acier trempé qu'il suffit de calibrer rigoureusement pour être sûr des dimensions de toutes les douilles chargées.

2. *Cartouches.* — Le fusil Remington ne comporte que des cartouches à douille métallique.

La somme des avantages de cette cartouche métallique sur la cartouche à enveloppe de toile ou de papier, dépasse-t-elle les inconvénients de celle-là auprès de la seconde? Je ne crains pas de répondre oui, surtout avec la modification que je proposerai ultérieurement d'apporter à la cartouche et à la percussion du fusil Remington.

1°. Le chargement de la douille métallique est une opération plus simple, plus facile et plus rapide que la confection de la cartouche à enveloppe de toile ou de papier à amorce centrale.

2°. L'emploi des cartouches à douille métallique n'est

plus cher que celui des cartouches à enveloppe combustible, qu'à la condition que les douilles ne peuvent servir qu'une fois. Il n'en sera pas de même si l'on a de bonnes douilles pouvant servir plusieurs fois en remettant un peu de fulminate à l'état pâteux sans changer d'amorce, et une nouvelle charge.

3°. La conservation et le transport des cartouches à douille métallique sont beaucoup plus sûrs et moins dangereux que ceux des cartouches à enveloppe combustible.

Elles sont, en effet, à l'abri (et c'est là la condition principale de leur grande supériorité) des causes :

D'altération par l'humidité ;

De destruction et de danger par le feu ;

.... *Id* .... par le choc.

En effet, l'enveloppe de cuivre fermée par la balle graissée et passée au sertisseur, est complétement impénétrable par l'eau ou l'air humide.

Le feu n'a d'action sur la poudre enfermée dans l'enveloppe métallique que s'il se prolonge un temps assez long pour l'échauffer fortement. Une simple étincelle instantanée est sans effet.

Si un choc sur l'amorce d'une cartouche métallique liée au milieu de plusieurs autres vient à produire l'inflammation de celle-ci, les cartouches voisines ne peuvent prendre feu ; elles ne sont que déplacées. Ce fait important est le résultat de nombreuses expériences. Tandis que le même accident arrivant à une cartouche à enveloppe combustible, par exemple dans un caisson atteint par un projectile ou dans un magasin de munitions, l'inflammation se transmet à toutes, et il en résulte une catastrophe effroyable comme on en a déjà vu plusieurs exemples.

4°. L'échauffement du canon produit par un feu prolongé sera moins rapide avec des cartouches à enveloppe métallique qu'à enveloppe combustible. La douille métallique absorbe une grande partie de la chaleur produite par la combustion de la poudre, et elle est extraite immédiatement après la détonation.

A ces nombreux avantages, on oppose la difficulté de se procurer des douilles au moment opportun et les risques de déformation des cartouches qui entrent difficilement dans le tonnerre.

Ces inconvénients sont faciles à prévenir, en entretenant les magasins toujours largement approvisionnés, et en employant des douilles de bonne qualité, assez épaisses pour ne pas se déformer et pouvant servir plusieurs fois, en les rechargeant, sans changer l'amorce. Du reste, le bourrelet et la balle renforcent suffisamment la douille à ses deux extrémités pour qu'une légère pression ne puisse pas la déformer. Si, par hasard, une douille de mauvaise qualité vient à se fendre, et que le tire-cartouche ne fonctionne pas bien, un coup de baguette suffira pour la dégager du tonnerre.

Balle. — La balle à double ogive et à cullot de carton durci annulaire, permettra d'obtenir une plus grande portée même avec une charge de poudre moindre et surtout comme avantage plus précieux, une plus grande tension de trajectoire.

Je suis donc persuadé que l'on réaliserait un grand progrès en adoptant comme projectile réglementaire, tant pour les armes portatives que pour les bouches à feu, cette forme ingénieuse proposée par M. Bouquet de Lagrye. (*Voir fig.* 16.)

4°. *Arme blanche.* — L'arme blanche du fantassin doit

pouvoir s'adapter au bout du canon du fusil ou au besoin, servir à la main. Mais il faut quelle réunisse la légèreté à la solidité. Il devient nécessaire d'alléger le fantassin de tout poids inutile, pour lui faire porter à charge égale, plus grand nombre de cartouches ou les outils dont il sera question ultérieurement. On doit également pouvoir tirer avec la baïonnette au bout du fusil, sans que son poids la rende gênante et fasse baisser le canon.

J'aimerais donc à voir remplacer le sabre-baïonnette à lame plate, à poignée massive et à fourreau métallique par un poignard-baïonnette.

Le meilleur poignard-baïonnette serait à lame triangulaire, de la même section que l'ancienne baïonnette du fusil à percussion et de la même longueur que le sabre-baïonnette réglementaire actuel. Au lieu de la lourde poignée de cuivre massif, il aurait une poignée légère en corne ou en bois noir dur et quadrillé avec garniture de fer au pommeau, sans rien changer à l'emmanchement. Il serait logé dans un fourreau de cuir à bout métallique comme l'ancien fourreau de baïonnette.

La suppression du fourreau de tôle d'acier, empêchera le bruit métallique produit en marchant, qui peut révéler l'approche d'une ronde d'infanterie pendant la nuit.

5°. *Compagnies d'élite.* — Les compagnies d'élite doivent avoir pour rôle de fournir, dans certains cas, un *feu très-précis* et dans d'autres cas un *feu très-rapide*. Le 1er, quand une attaque ou autre opération de mousqueterie présente des difficultés particulières, et le 2e, pour porter un secours plus efficace à un corps de troupes qui faiblit et menace de rompre.

Ces compagnies ne seront pas formées des plus beaux

hommes, mais bien des meilleurs tireurs, et seront armés d'un fusil spécial. Des compagnies ainsi constituées me semblent aussi nécessaires à renforcer un corps de troupes que je suis éloigné de l'idée de formation de corps spéciaux qui n'ont pas une raison d'être bien déterminée.

L'arme la mieux appropriée aux compagnies d'élite est le fusil à répétition Spenser.

Ce fusil, encore peu connu en France, a été expérimenté en Amérique pendant la guerre de sécession, d'une manière qui en a fait connaître la supériorité et qui aurait dû détruire les préjugés qui existent encore contre lui.

Ce fusil est muni d'un réservoir à cartouches formé d'un tube de fer placé dans la crosse. Dans ce tube, muni d'un ressort à boudin, se placent les cartouches de réserve que ce ressort pousse vers le tonnerre.

En faisant jouer la culasse, qui est commandée par la sous-garde, on découvre l'extrémité du canon et celle du tube-réservoir, tandis que le tire-cartouche automoteur retire la douille de cartouche vide du coup précédent. Puis, en se refermant par un mouvement inverse de la sous-garde, la culasse pousse en avant et introduit dans le tonnerre la nouvelle cartouche que le mouvement du ressort à boudin ui a présentée.

Le tube-réservoir contient six ou sept cartouches, selon leur longueur, et le système de répétition de ce fusil est d'autant plus pratique que le tireur peut à volonté le faire jouer ou charger directement par le tonnerre et garder en réserve les cartouches logées dans la crosse, pour tirer plus rapidement, s'il est nécessaire.

La fermeture de la culasse se fait d'une manière aussi simple que solide, au moyen de deux pièces massives articulées entre elles et avec la sous-garde. La platine est la même que celle du fusil à piston, et le choc du chien se transmet normalement au moyen d'un percuteur simple.

La rapidité surprenante avec laquelle fonctionne le système très-simple de répétition a seule pu faire supposer une complication et des risques de dérangement, qui, en réalité, n'existent pas.

Armées de ce fusil, les compagnies d'élite pourront souvent exercer une influence décisive, et l'on pourra dire avec raison qu'un poste important confié à la garde de l'une d'elles sera mieux défendu que par une compagnie de fusiliers.

Pour donner au tir plus de justesse, je serais d'avis que ces fusils à répétition fussent aussi à double détente, et pour être d'un usage plus pratique, que cette double détente pût à volonté servir ou ne pas servir. La double détente ne servirait que pour le tir de précision à grande distance. Les carabines à double détente, qui ont toujours paru inacceptables dans la pratique pour l'armée française, sont cependant en usage dans l'armée prussienne.

Les compagnies de tireurs d'élite ou carabiniers se recruteront au concours entre les meilleurs tireurs des compagnies de fusiliers.

Les soldats de ces compagnies recevront la haute-paye et porteront un insigne particulier très-simple les distinguant des fusiliers, mais différent de celui des hommes gradés.

Chaque bataillon d'infanterie aura une compagnie de tireurs d'élite.

6. *Modifications du percuteur et de la cartouche du fusil Remington.* — L'emploi simultané de deux espèces de fusils : le fusil Remington pour les compagnies de fusiliers et le fusil Spenser pour les compagnies d'élite, n'est prati-

quement possible qu'à la condition d'avoir la même cartouche pour les deux armes.

L'un et l'autre fusil emploient des cartouches à douille métallique ; mais celles du Remington sont à percussion centrale, tandis que celles du Spenser sont à bourrelet percutant sur tout le pourtour.

La prudence ne permet pas d'en employer d'autres avec cette arme. Des cartouches à percussion centrale superposées dans le tube-réservoir seraient placées de telle sorte que l'amorce de l'une reposerait sur la pointe de la balle de l'autre. Un choc un peu sec, produit par hasard, pourrait donc amener l'explosion de ce tube et la destruction de l'arme. Aucun danger semblable n'est à craindre quand le fulminate est réparti sur tout le pourtour du bourrelet, la balle inférieure ne peut pas le toucher.

On peut ajouter à cela que la cartouche à bourrelet percutant est d'une fabrication plus simple, plus facile à recharger et moins exposée aux ratés et à être percée par le percuteur que la cartouche à amorce centrale.

En effet, pour la recharger on n'a qu'à remettre dans le bourrelet du fulminate à l'état pâteux, sans avoir à changer l'amorce ; puis, quand il est sec, à remettre la charge de poudre et à sertir la balle par dessus.

Les ratés et le percement sous le choc du percuteur sont moins à craindre, puisque ce choc a lieu sur un repli de l'enveloppe compris entre deux parois solides, au lieu de se faire sur le milieu d'un fond mince qui n'est soutenu du côté opposé à ce choc que par la charge de poudre comprimée.

Qu'y a-t-il à faire pour permettre l'emploi des cartouches à bourrelet percutant avec le fusil Remington ?

Rien autre chose que de déplacer un peu le percuteur ; le placer à droite pour lui faire frapper le pourtour, au lieu de le laisser au milieu de la culasse pour qu'il frappe le centre de la cartouche.

Infanterie (2e PARTIE).

Moyens de défense. — A l'époque où l'on ne se battait qu'à l'arme blanche, chaque soldat avait toujours arme offensive et arme défensive.

Cependant le port de l'arme défensive était fatigant pour la marche et rendait le maniement de l'arme offensive plus difficile. Elle ne pouvait servir à autre chose qu'à parer les coups, et elle était d'un prix élevé.

Les moyens de défense n'ont pas progressé de nos jours parallèlement aux moyens de destruction.

Ces moyens de défense contre l'arme à feu, avec le système de guerre moderne, s'ils ne peuvent pas s'employer en toutes circonstances, ont l'avantage d'être simples, de faciliter le tir, ils ne coûtent presque rien, et peuvent servir au campement aussi bien qu'à la défense. Ils sont bien connus, mais trop peu employés. Ils consistent dans : le sac à terre, les outils de terrassement, et la hache, et enfin, les fils de fer.

Je ne parle pas ici de quelques moyens qui ne méritent guère d'être pris au sérieux et que l'on a cependant proposés, tels que le plastron de feutre très-épais et le sac servant de créneau.

1. *Sac à terre.* — Les sacs à terre, si faciles à remplir et qui se vident aussi rapidement, servent à faire, en quelques instants et en quelque lieu que se trouvent les troupes, de

petits parapets que les balles ne peuvent pas traverser, et qui amortissent même des éclats d'obus. Ces sacs à terre peuvent donc rendre de si grands services, qu'il me semble très-utile que chaque soldat, quelle que soit son arme, en ait un qui complète son équipement. Le fantassin le portera plié sur le sac, et le cavalier, plié sur le porte-manteau, prêt à être détaché sitôt qu'on en aura besoin. De cette façon, on sera sûr d'avoir, à un moment donné, une quantité très-considérable de sacs à terre pour se retrancher, sans avoir à recourir aux voitures des équipages, pour un objet aussi simple et aussi facile à transporter.

Ce sac dont chaque homme sera muni, au lieu de l'embarrasser, pourra souvent lui être utile comme accessoire de campement.

Il conviendra de les faire du poids de 1/2 kilogramme environ, en toile écrue ou brune, couleur de terre et non point blanchâtre, pour les rendre moins voyants, et imprégnée de tanin, pour la préserver de l'humidité.

2. *Outils réglementaires.* — Chaque compagnie d'infanterie aura un certain nombre d'outils réglementaires, indépendants du matériel portatif du génie; soit : 2 haches légères, 4 pioches et 6 pelles-bêches en acier, le tout à manche court.

Un détachement d'infanterie trouvera-t-il des arbres, il pourra se retrancher en formant des palissades.

Avec les outils de terrassement, on pourra butter la palissade, ou faire rapidement un fossé et une levée de terre, puis, la créneler avec des sacs à terre.

Ces petits ouvrages seront plus faciles à défendre qu'une position où ils manqueraient. Ils faciliteront le tir en permettant d'appuyer le fusil.

Selon les circonstances, l'infanterie pourra, en donnant telle ou telle disposition à ses sacs à terre et en s'aidant de ses outils de terrassement, s'abriter elle-même du feu de la mousqueterie ennemie et même en partie de son artillerie, ou masquer et même défiler quelques pièces d'artillerie, ou bien encore, leur frayer un passage si quelque obstacle arrête leur marche.

Ces mêmes outils ne seront pas moins utiles aux travaux de campement qu'aux travaux de retranchement.

Ces outils seront portés en marche, à tour de rôle, par tous les hommes de la compagnie.

3. *Fils de fer.* — Aux moyens de défense déjà proposés, j'en ajouterai un autre qui peut rendre de grands services, en permettant de clore rapidement une enceinte ou de barrer un passage pendant la nuit. C'est l'emploi de gros fils de fer, tendus à une petite hauteur au dessus du sol, au moyen de petits piquets en fer ou en bois ferrés au bout. Ces fils de fer seront portés en marche comme les outils, par rouleaux kilos au plus.

4. *Grades auxiliaires.* — Le tir acquérant une importance plus grande et présentant une plus grande difficulté, à cause de l'évaluation des distances, il devient nécessaire d'ajouter à l'état-major d'infanterie : un capitaine de tir, par bataillon, et un certain nombre de sergents de tir.

Pour diriger le soldat quand il aura à se servir des outils de terrassement et sacs à terre, il me semble également nécessaire d'adjoindre à cet état-major un officier de terrassement par bataillon ; il sera surtout chargé de l'instruction pour les travaux, et dans chaque compagnie, un sergent ou un caporal de terrassement. On choisira ces derniers de préférence parmi les hommes qui ont exercé les professions de terrassier, maçon ou charpentier; et ils feront l'office de piqueurs dans chaque chantier de compagnie. Ils auront un petit insigne spécial, et recevront un supplément de paye. Ils feront ordinairement le même service que les autres sergents ou caporaux de la compagnie, excepté dans les cas où leur spécialité sera exercée.

5. *Voitures auxiliaires.* — Le tir rapide de l'infanterie consommera maintenant une telle quantité de munitions qu'il sera difficile d'en approvisionner suffisamment le soldat sans le surcharger; ou bien, il est exposé à en manquer à un moment donné.

On recourra donc plus fréquemment aux caissons de réserve de l'artillerie, mais les caissons ou fourgons à quatre roues de l'artillerie sont trop lourds pour suivre aisément les petites colonnes d'infanterie et permettre des distributions rapides.

L'emploi des petites voitures suspendues, à deux roues et à compartiments mobiles, déjà en usage pour porter les cartouches d'infanterie, deviendra donc de plus en plus nécessaire.

Ces voitures suivront les petites colonnes d'infanterie : 1°. pour porter la *petite réserve* de munitions d'un usage immédiat; 2°. pour aller rapidement en chercher d'autres aux fourgons de *grande réserve*, ou aux poudrières de l'artillerie.

Ce service me semble trop intimement lié à celui de l'infanterie, pour ne le lui adjoindre que par circonstances, et le laisser habituellement dans le service de l'artillerie, déjà assez chargé, et auquel il ne se rattache qu'indirectement.

En faire un service auxiliaire du train, me semble encore moins naturel, son service propre n'étant pas un service de vitesse et restant réservé au transport des gros approvisionnements.

Il me semble bien préférable que ces petits caissons à deux roues fassent partie intégrante de l'infanterie même, et que chaque bataillon en ait deux, portant son numéro et celui du régiment.

Avec deux caissons, toute colonne d'infanterie, quand le feu serait engagé, en aurait toujours un en réserve immédiate, prêt à être distribué, et l'autre en route pour aller se réapprovisionner à la poudrière.

Ces voitures à deux roues et à limonière, sont formées d'un coffre ouvrant par derrière, et reçoivent dix petites caisses plates placées sur champ, maintenues entre des rainures. Elles sont munies chacune de deux poignées en corde, permettant à deux hommes de les porter à bras.

Le coffre formera en dessus une banquette à deux places. Chaque caisse sera approvisionnée de 120 paquets de 6 cartouches. Comptant sur le poids de 35 grammes environ par cartouche ainsi décomposé : balle 25 grammes, poudre 5 grammes et douille 5 gr. Le paquet de 6 cartouches pèsera .... 210 gr.

et la caisse de 120 paquets .... }
ou 720 cartouches.............. } 25 kg 550 gr.

Soit, 27 kilogrammes environ par caisse pleine, poids qui ne dépasse pas ce que deux hommes peuvent facilement porter.

Pour le chargem^t de la voiture, 10 caisses }
ou.................... 1,200 paquets } 270 kil.
ou........ .... 7,200 cartouches }

Comptant sur 250 kilg. de plus environ pour la voiture vide et son conducteur, on aura un poids total de 520 kil.

environ qui n'excède pas ce qu'un cheval seul peut facilement traîner au pas ou deux chevaux au trot ou au galop.

Ces voitures, bien équilibrées sur l'essieu, une fois chargées, seront traînées comme les mitrailleuses et leurs caissons par deux chevaux qu'on pourra atteler de front pour trotter ou en flèche pour suivre au pas un chemin étroit.

Elles seront servies par deux hommes armés chacun du poignard-baïonnette réglementaire, et du pistolet revolver : un distributeur ayant grade de sergent ou de caporal, responsable de la voiture et en ayant la clef, et un conducteur chargé du soin des deux chevaux et de leur harnachement.

Ces deux hommes faisant partie du bataillon, le suivront partout, et seront directement sous les ordres du commandant qui aura à s'approvisionner de cartouches en les envoyant chercher à l'artillerie au lieu d'attendre que l'artillerie les lui envoie.

Ces petits caissons d'infanterie porteront chacun dans une onzième caisse, les artifices dont l'infanterie peut avoir besoin sans avoir à recourir aux équipages du génie. Ils consistent en quelques pétards servant à renverser au besoin, une porte ou un mur de clôture.

Les caissons servant au transport des cartouches à douille métallique n'auront pas besoin du revêtement en tôle d'acier nécessaire pour mettre à l'abri du choc des projectiles, les cartouches à enveloppe combustible, portant leur amorce telles que celles du fusil Chassepot.

6. *Effectif de l'infanterie.* — *Bataillon.* — Le bataillon, unité de manœuvre de l'infanterie, se composera de neuf compagnies, dont huit de fusiliers et une de carabiniers ou tireurs d'élite.

Toute compagnie sur pied de guerre sera formée de 120

hommes, tant pour les fusiliers que les carabiniers. Ce nombre est assez considérable pour donner à la compagnie toute la force qui lui est nécessaire, et permettra de la diviser à volonté en deux, trois ou quatre détachements égaux.

Régiment. — Le régiment, grande unité administrative, sera formé de trois bataillons : deux bataillons de guerre et un bataillon de dépôt d'instruction.

Les deux bataillons de guerre auront seuls leurs compagnies de carabiniers.

L'effectif du bataillon de guerre sera

donc de 120 × 8 ou...........	960 fusilliers,
et.........................	120 carabiniers.
TOTAL...........	1,080 hommes.

7. *Fourniment et habillement.* — Le fourniment et l'habillement du soldat doivent être légers et laisser toute liberté aux mouvements. On doit aussi en exclure tout objet de couleur voyante.

Certains détails de l'équipement, de couleur tranchée, qui se détachent sur le fond de couleur sombre, sont visibles très-distinctement à une certaine distance ; puis, visibles d'une manière confuse à une distance plus grande ; puis enfin, cessent de l'être de plus loin.

La facilité qui en résulte pour l'évaluation des distances rend le tir de l'ennemi beaucoup plus redoutable, en lui fournissant le moyen de régler la hausse. Ces couleurs voyantes peuvent encore avoir l'inconvénient de révéler la présence de l'infanterie dans une embuscade, ou d'un factionnaire qui doit se tenir caché.

La suppression des buffleteries blanches, remplacées par le ceinturon noir d'un entretien plus facile, a déjà réalisé un grand progrès. La suppression du rouge dans l'habillement sera le meilleur complément à cette première modification. On remplacera avantageusement le pantalon et le képi rouge par le pantalon et le képi de drap bleu.

Le vêtement du fantassin sera une tunique très-courte à larges emmanchures. Les basques de la tunique régnant sur tout le pourtour de la ceinture couvriront entièrement le ventre et les hanches, sans gêner les mouvements des jambes, et rempliront ainsi une des conditions hygiéniques les plus nécessaires du vêtement, que ne remplissent ni la veste ni l'habit. Cette tunique sera en drap bleu foncé avec boutons de cuivre sans numéro. Le numéro du régiment sera cousu au collet. Cette tunique, après avoir duré son temps réglementaire, un an ou dix-huit mois, servira comme habillement de corvée, au lieu de la veste qu'il est inutile de distribuer neuve pour l'usage qu'on en doit faire.

Le képi est la seule coiffure commode pour le soldat de toutes armes. Il doit avantageusement remplacer les schakos, casques, bonnets à poil, talpacks, tous d'un poids inutile et d'un port fatigant, sujets à se détériorer, trop chauds et ne garantissant pas du soleil.

Comme complément, le képi doit porter un couvre-nuque en toile blanche, qui préservera des insolations en été, et pour le service d'hiver, surtout la nuit, on le remplacera par un couvre nuque à oreillons, en gros drap. Pour permettre d'adapter le couvre-nuque, le képi portera cinq boutons sur le pourtour extérieur du turban. Le dernier pourra se relever sur le turban en se doublant deux fois sur lui-même, et il portera, vers les deux pointes antérieures, deux ganses ou boutonnières pour y passer la jugulaire qui le retiendra bien appliqué sur les joues. Le képi portera la cocarde nationale et un macaron plat et léger de couleur différente, selon le bataillon, avec le numéro de la compagnie au centre.

De même que la tunique, après avoir duré le temps réglementaire, le képi sera transformé en bonnet de corvée, par la suppression de la visière, de la jugulaire, des boutons et des insignes. Il ne sera pas distribué d'effets de corvée neufs.

Tout ce qui vient d'être dit des vêtements et de la coiffure militaires s'applique également à toutes les armes : infanterie, cavalerie, artillerie et corps auxiliaires.

Le fantassin conservera l'ancienne capote d'ordonnance à laquelle on pourra fixer un large collet recouvrant les épaules et abritant de la pluie, du modèle de l'infanterie espagnole.

Le fourniment du fantassin se composera d'un ceinturon de cuir noir se rattachant en avant, par deux agrafes, aux bretelles du sac et portant un porte-fourreau à coulisse et deux gibernes en cuir mou, à soufflet, dont le poids se répartira sur les hanches d'une manière moins pénible que le port d'une seule giberne trop pesante.

8. *Mitrailleuse à fusils.* — Le tir sur affût donne une précision que le tir à l'épaule ne peut que très-difficilement obtenir.

De plus, un feu de peloton convergeant en un seul point donne, dans certains cas, des résultats terribles, auquel le feu de tirailleurs le mieux dirigé n'arrivera pas, par exemple pour garder un défilé.

On augmentera donc beaucoup la puissance de l'infanterie en la mettant à même de fournir, dans certains cas et avec le fusil, un tir sur affût pointé, de coups se succédant sans interruption, comme le feu de mitrailleuse.

Que faut-il pour cela ? Un affût léger formé de plusieurs pièces faciles à transporter, se montant et se démontant en quelques instants, et pouvant retenir un certain nombre de fusils logés dans des casiers.

La largeur d'un fusil, mesurée à la poignée de la crosse, est de 37 millimètres environ. On pourra donc faire reposer sur une sorte de châssis un certain nombre de fusils, les canons placés parallèlement en position de tir, en comptant sur une largeur de 5 centimètres pour chacun d'eux, soient 12 fusils placés sur le même châssis de $0^m,60$ de large.

L'affût sera formé de deux pièces principales : le chevalet et la flèche. (*Voir fig.* 13, 14 *et* 15).

Le chevalet est formé de deux traverses en bois saisissant les 12 fusils comme un étau et reposant sur deux pieds à charnière de $0^m,60$ de haut. La traverse inférieure porte les 12 encoches dans lesquelles sont placés les fusils, et la traverse supérieure, qui se rabat sur la première, est fixée par une extrémité à une charnière, et retenue à l'autre extrémité par un boulon articulé avec la traverse inférieure.

La flèche est formée de deux légères pièces de bois coudées, réunies à une des extrémités par une charnière, de manière à s'ouvrir en V. Elles s'assemblent par les extrémités opposées à la charnière, avec la traverse inférieure, en s'encastrant dans deux boucles de fer fixées à celle-ci, de manière à faire reposer le système sur un troisième point d'appui, comme l'affût d'un canon.

Au milieu de la flèche, on place sur champ une planchette transversale parallèle aux traverses du chevalet et munie de 12 encoches dans lesquelles reposent les pointes inférieures des 12 crosses, de manière à assurer le parallélisme des 12 canons.

L'extrémité de la flèche repose sur un coin de pointage servant à régler l'inclinaison des 12 canons, en relevant ou en abaissant tout le système.

La pression sur les gachettes se transmet au moyen d'un parallélogramme retenu par ses deux extrémités à la traverse inférieure. (*Voir fig.* 15). Il se compose d'une règle en bois *R*, reliée à la traverse par un ressort d'acier *r* à son extrémité de gauche, et par un levier *L* articulé avec l'extrémité de droite de la règle et de la traverse, et se terminant en arrière par une poignée.

Cette règle porte 12 presse-gachette, formés chacun d'un petit ressort d'acier recourbé et fixé à la règle par une vis à bois.

Il résulte de cette disposition, indiquée sur la figure, qu'en pressant avec la paume de la main sur la poignée qui termine le levier, on fait avancer la règle, et chacun des ressorts presse-gachette passant entre la sous-garde et la gachette de chaque fusil, vient presser chacune d'elles comme le ferait le doigt du tireur.

L'intervalle entre les gachettes restant uniforme, en augmentant progressivement de un ou deux millimètres de gauche à droite l'intervalle qui sépare les presse-gachette, on agira *successivement* sur chaque gachette, de gauche à droite, au lieu d'agir *simultanément* sur toutes, et l'on aura une succession de coups lente ou rapide à la volonté du tireur, mais point d'ébranlement ni de recul sensibles.

Si l'on cesse d'agir sur le levier, le parallélogramme, obéissant à la poussée du ressort *r*, reprend la position du repos, nécessaire pour recharger les fusils ou pour les ôter du chevalet si l'on veut démonter la mitrailleuse.

La mitrailleuse à fusils pourra être servie rapidement par

deux hommes : l'un, placé à gauche, lève le chien et la culasse de chaque fusil et retire la douille vide, en commençant par la droite ; l'autre, placé à droite, introduit une cartouche dans chaque tonnerre, au fur et à mesure de l'ouverture des culasses, et referme chacune d'elles d'un coup de pouce.

Le premier fait en même temps l'office de pointeur, et le second, après avoir chargé, tire en pressant le levier de détente.

L'affût de la mitrailleuse à fusils, démonté et plié en fermant les parties mobiles autour des charnières, se réduit à deux pièces de petit volume. Elles sont portées, en marche, par les caissons à cartouches d'infanterie, retenues sous le coffre par des ferrures ou des courroies.

Chaque caisson pouvant en porter deux facilement, on en aura quatre par bataillon d'infanterie.

CHAPITRE IV.

Cavalerie (1re PARTIE).

La cavalerie par son mode d'action utilise deux qualités propres au cheval, sa force et sa rapidité.

L'une et l'autre ont été employées, depuis l'époque si française de la chevalerie jusqu'à nos jours, à fournir des charges dont l'impétuosité était irrésistible.

Le tir de l'artillerie moderne et le feu rapide de la mousqueterie nouvelle ont rendu ce mode d'action presque impraticable de nos jours.

Les charges de cavalerie et les combats corps-à-corps deviennent de plus en plus rares. Ces charges ne serviront plus à rompre les lignes d'infanterie qui ne sont pas encore ébranlées. Les obus et les balles des mitrailleuses les rompent à distance d'une manière beaucoup plus sûre.

L'usage des armes à feu placées entre les mains du cavalier dans les anciennes conditions, a donné des résultats si insignifiants, que quelques personnes ont douté de l'importance du rôle actuel de la cavalerie.

Mais en lui conservant toute facilité pour pousser des charges rapides dans certaines éventualités où elles peuvent être déterminantes, on doit s'attacher à lui donner le plus de mobilité possible pour lui faire faire les grands mouvements nécessaires aux reconnaissances. Ne pourra-t-on pas encore utiliser la force et la rapidité du cheval à des usages plus appropriés aux besoins actuels de la guerre?

La question que j'aborde est des plus délicates, car il faut rompre avec des préjugés très-anciennement accrédités, et qui reposent sur des considérations de fierté traditionnelle de corps.

La cavalerie s'est toujours montrée jalouse de son élégance, et s'est considérée avec raison, comme le plus bel ornement de l'armée.

Serait-il indigne d'elle d'utiliser, par circonstances seulement, mais toutes les fois que ces circonstances l'exigeraient, la force et la rapidité du cheval à autre chose que le choc ?

Ne pourrait-on pas les employer par circonstance à la traction, sans porter une atteinte sérieuse à son service propre ?

La réponse à cette question est de la compétence de tous les propriétaires de chevaux. L'expérience leur a démontré qu'un travail rare et très-modéré de trait léger ne diminue pas d'une manière appréciable les qualités essentielles d'un cheval de selle bien conformé. L'animal ne perdra ainsi que la finesse nécessaire au cheval de manége, mais conservera la solidité de l'avant-main et la sûreté de trot et de galop nécessaires au cheval de troupe.

Tout le monde sait fort bien que les jeunes chevaux achetés par l'administration de la remonte, même pour la cavalerie légère, ont été employés pendant un certain temps au labourage par les cultivateurs qui les ont élevés.

1. *Harnachement.* — La conclusion pratique que je tire de ces considérations est celle-ci :

Il est nécessaire d'apporter au harnachement de la cavalerie une modification légère, mais de grande importance, qui permettra au cavalier de faire, le cas échéant, un important service auxiliaire.

Cette modification consiste à remplacer les courroies du poitrail, ornement assez inutile, par une bricole légère, comme celle qui fait partie du harnachement des sous-officiers, brigadiers et trompettes de l'artillerie montée et du train.

Cette petite bricole retenant la selle en avant aussi bien que le poitrail, est terminée par deux boucles auxquelles se rattachent deux petits traits de corde ordinairement enroulés en torsade et relevés en arrière. Le trait ne sera pas noué à la boucle, mais il la traversera librement comme dans le harnachement d'artillerie, de manière à fixer à son extrémité antérieure le bout du trait du cheval attelé en avant.

La bricole qui sera solidement fixée aux sangles ou à la selle portera en avant une petite courroie à boucle qui servira à saisir l'extrémité des chaînettes d'un timon.

Ce simple harnachement permettra de suffire, sans embarras, à tous les cas où il sera nécessaire d'atteler.

Les circonstances dans lesquelles la cavalerie sera appelée à fournir le secours de ses chevaux au trait léger seront nombreuses.

Les conditions actuelles de la guerre exigent l'emploi d'un matériel roulant très-considérable : canons, mitrailleuses et voitures de munitions, qui se retrouveront en même proportion dans l'armée ennemie. Que l'on ne vienne pas dire maintenant que ce matériel roulant entrave trop la marche d'une armée, lorsque à côté de ces voitures, on laissera marcher au pas des centaines de chevaux ne portant que leurs cavaliers. Ils pourraient faire renfort aux chevaux toujours attelés des batteries et du train d'artillerie en relayant de temps en temps avec les chevaux qui suivent la colonne.

N'est-il pas plus fâcheux encore de se voir réduit à enclouer sur place des canons ou à briser des mitrailleuses prises à grand'peine à l'ennemi?

Lorsque des cavaliers parviennent à se rendre maîtres d'une batterie ennemie en partie démontée par le tir de l'artillerie, pourquoi ne faire autre chose que sabrer les canonniers sur leurs pièces? Il vaudrait beaucoup mieux, après cela, atteler aux canons quatre ou six chevaux montés par leurs cavaliers, et les ramener sous l'escorte des autres, que de revenir sans capture.

Si les roues sont brisées, les cavaliers qui ont mis pied à terre peuvent mettre les roues de rechange, si elles sont conservées, ou prendre celles d'un caisson que l'on fait sauter, si l'on ne peut pas l'emmener.

Il n'est pas moins déplorable de voir une troupe de cavalerie rester dans l'inaction pendant que l'on sera embarrassé d'approvisionner des tirailleurs ou des mitrailleuses manquant de munitions. Ou bien encore, quand une batterie d'artillerie est embourbée ou veut s'éloigner rapidement d'une position dangereuse ou aller au plus vite en occuper une importante; quand une partie de ses chevaux ont été tués, que doit faire la cavalerie?

Un peloton de cavaliers venant alors en aide en attelant une partie de ses chevaux, fera cesser la difficulté, puis ira se reformer en bataille à sa première position.

Le cheval de selle dût-il perdre quelque peu de ses brillantes qualités en rendant les services dont il est question, ce qu'il perdra ne sera pas à la hauteur des immenses services qu'il pourra rendre dans bien des cas.

Les fantassins mettent au besoin leurs fusils en faisceaux pour prendre la pioche et la pelle; que les cavaliers, remettant le sabre au fourreau, sachent à leur tour atteler leurs chevaux au besoin.

L'artillerie évite à la cavalerie le plus périlleux de tous ses modes d'action ; en revanche, que celle-ci la seconde presque sans danger en l'aidant au transport de ses pièces et de ses munitions.

2. *Armes de la cavalerie.* — Les armes de la cavalerie seront :

1°. Le sabre ;
2°. Le pistolet-revolver ;
3°. Le mousqueton Remington.

Sabre. — L'arme blanche la mieux appropriée à tous les usages de la cavalerie est le sabre légèrement recourbé, pouvant servir de pointe et de taille, du modèle adopté pour la cavalerie légère. Comme il servira moins souvent maintenant que jadis, il y aurait avantage à l'alléger un peu.

Pistolet. — Le pistolet-revolver le mieux choisi pour les usages de l'armée est celui de 9 millimètres de calibre, à portière, sans bascule et à cartouches à bourrelet percutant, comme celles du fusil. La cartouche à broche est plus difficile à transporter que celle-ci, car la broche peut se fausser. Elle est aussi plus facile à introduire dans le tonnerre et à recharger après avoir servi, sans en changer l'amorce.

La baguette tire-cartouche pourra jouer librement dans sa coulisse et sera munie d'un petit ressort à boudin qui la fera sortir d'elle-même du tonnerre après s'en être servi. Il résultera de cette disposition, que le cavalier, en remettant le pistolet dans la fonte, ne sera pas exposé à faire rentrer cette baguette dans un des tonnerres, ce qui empêcherait le pistolet de faire feu au moment de s'en servir, s'il n'avait pas eu la précaution de la retirer.

A cause de la modification de cette baguette, ne pouvant plus agir comme baguette de sûreté, le chien aura un cran de repos très-bas. Il ne pourra s'armer qu'en le levant avec le pouce et non par la pression de la gachette. Le tir est assez rapide avec une arme ainsi disposée sans exposer le soldat à gaspiller ses cartouches.

Le revolver, qui sera l'arme la plus usuelle du cavalier, sera retenu à la selle par une lanière.

Mousqueton. — Le mousqueton de cavalerie sera du même système (système Remington) et du même calibre que le fusil d'infanterie, 11^{mm} ou 12^{mm},6, et de la longueur de l'ancien mousqueton à percussion de gendarmerie.

Cette longueur suffit pour le tir précis jusqu'à 800 mètres et n'est pas gênante pour le cavalier.

Au lieu d'une hausse à curseur, trop compliquée pour le cavalier, moins exercé que le fantassin au tir à la cible et à l'évaluation des distances, il aura seulement un cran fixe de but-en-blanc et deux petits crans pliants à charnière, l'un pour les moyennes, l'autre pour les grandes distances.

Ce mousqueton portera à l'extrémité du canon un tenon d'emmanchement pour permettre au cavalier démonté d'y adapter au besoin un poignard-baïonnette d'infanterie.

Cette arme ne servira qu'exceptionnellement à cheval, le cavalier mettra plus ordinairement pied à terre pour faire feu. Elle se portera à cheval en bandoulière, ou à la botte la crosse en l'air.

3. *Fourniment.* — Le fourniment du cavalier consistera en un ceinturon en cuir noir ciré, d'un entretien plus facile que le ceinturon blanc, et portant deux belières terminées

par de petits porte-mousqueton saisissant les anneaux du fourreau de sabre et permettant de l'en détacher plus facilement. Ce ceinturon portera en arrière, à droite, la giberne à soufflet en cuir mou et à coulisse, pouvant contenir 14 cartouches, deux paquets de 6 et deux cartouches libres. En avant, à droite, il portera une petite pochette, également à coulisse, contenant 12 cartouches de revolver, 6 en paquet et 6 libres.

Modifications accessoires au harnachement. — Les modifications accessoires à apporter au harnachement de la cavalerie, après l'adoption de la bricole à la place du poitrail, auront pour objet de simplifier son entretien pour laisser au soldat du temps qu'il pourra employer plus utilement qu'à fourbir son équipement chaque fois qu'il s'en sert.

Dans le même but, que l'on remplace le ceinturon blanc par le ceinturon noir; je proposerai donc de remplacer toutes les courroies de cuir ciré de la bride et de la selle par des courroies de cuir jaune, couleur naturelle; puis de mettre toutes les pièces métalliques brillantes à l'abri de l'oxydation, par l'étamage sur les mors et bridons, et une couleur noire recouverte de vernis sur les étriers et les boucles.

Une autre petite addition au harnachement aura pour but de faciliter le port du sabre. Elle consiste à ajouter au quartier gauche de la selle une gaine en cuir, ouverte aux deux bouts, et portant à son extrémité antérieure une garniture métallique. Cette gaine servira à placer le fourreau du sabre pour le porter comme les cavaliers arabes et les cavaliers mexicains plus commodément que suspendu au ceinturon, surtout au trot ou au galop. Le fourreau sera retenu par le premier anneau que saisira un porte-mousqueton fixé à la selle.

De cette façon, non-seulement le port du sabre sera moins fatigant, mais la poignée se trouvera toujours sous la main, et il sera plus facile à tirer rapidement après avoir remis le pistolet dans sa fonte.

5. *Escadron d'élite.* — Chaque régiment de cavalerie aura son escadron de cavaliers d'élite, comme chaque bataillon d'infanterie a sa compagnie de tireurs d'élite.

Cet escadron sera formé des plus habiles cavaliers et des hommes intelligents ayant de bons états de service. Il se recrutera au concours dans les autres escadrons, à l'issue des carousels et grandes manœuvres, et sera monté avec les chevaux les plus ardents et les plus rapides du régiment. Les chevaux qui commenceraient à faiblir seraient immédiatement versés aux autres escadrons.

Les chevaux de l'escadron d'élite ne seront attelés en aucune circonstance pour leur conserver toute leur légèreté et leur rapidité d'allures. Aussi, leur harnachement ne portera pas la bricole.

Les cavaliers de l'escadron d'élite, à cause de la nature spéciale de leur service et des qualités exceptionnelles de leurs chevaux, n'auront pas à mettre pied à terre comme les autres cavaliers pour faire des feux de mousqueterie.

Ils seront organisés pour faire des charges, le service d'éclaireurs et d'estafettes. Il conviendra donc d'alléger leur armement sans l'affaiblir pour cela. On les armera donc d'un second pistolet revolver à la place du mousqueton.

L'un se portera dans la fonte d'arçon, l'autre au ceinturon, dans une poche à coulisse. La pochette à cartouches de revolver sera approvisionnée de 30 cartouches au lieu de 12.

Les cavaliers d'élite, désignés aussi sous le nom d'éclaireurs, porteront le même insigne que les tireurs d'élite d'infanterie, et comme eux recevront la haute paye.

6. *Effectif des régiments de cavalerie.* — Les régiments de cavalerie seront tous formés, montés, armés et équipés de la même manière, et ne seront distingués entre eux que par leurs numéros comme les régiments d'infanterie.

Ils se composeront de six escadrons de 120 cavaliers montés chacun, dont :

4 escadrons de guerre, de chasseurs,

1 escadron d'élite ou d'éclaireurs,

1 escadron de dépôt.

Le régiment de cavalerie sur pied de guerre ou embrigadé, se composera donc de 600 cavaliers montés. Chaque escadron se divisera en quatre pelotons, commandés chacun par un officier subalterne, un sous-officier, deux brigadiers, et chaque peloton aura son trompette.

7. *Service de la cavalerie.* La cavalerie, ainsi armée et harnachée, montée sur des chevaux de taille moyenne, un peu plus forts que ceux de la cavalerie légère, ne sera ni très-coûteuse ni difficile à entretenir.

Son équipement léger avec son armement complet et son nouveau harnachement lui permettront de s'employer à bien des services différents. Elle pourra faire :

1°. Des charges ;

2°. Le service d'estafettes et celui des reconnaissances ;

3°. Des feux de mousqueterie en se transportant rapidement d'un point à un autre.

4°. En garnison, le service de place comme l'infanterie;

5°. Par circonstance, le service de renfort aux chevaux de trait de l'artillerie.

Le matériel de chaque régiment ou de chaque dépôt de

cavalerie sera complété par quatre chariots légers, permettant à chaque escadron de se suffire à lui-même pour faire ses corvées de fourrage, d'avoine et de vivres. Tous les chevaux auront à faire successivement et à tour de rôle le service de corvée de traction en se servant du harnachement réglementaire pour familiariser les cavaliers et les chevaux à son usage.

Les chariots seront attelés de quatre ou six chevaux, selon les besoins.

Cavalerie (2e partie).

Carabiniers montés.

La rapidité du cheval est utilisée à la guerre indépendamment des autres usages, pour transporter plus vite le combattant à son poste de combat.

Le corps des dragons, tel qu'il était constitué dans les armées de Louis XIV, ne l'était pas dans un autre but, et il a rendu de très-grands services.

Les dragons ne jouaient pas le rôle propre de la cavalerie en agissant par le choc, mais plutôt celui de l'infanterie en mettant pied à terre, et faisant feu avec le fusil.

Longtemps encore, les dragons considérés comme corps mixte, ont conservé la baïonnette, arme qui prouvait jusqu'à l'évidence quel devait être leur mode d'action.

Les nouvelles conditions de la guerre doivent-elles augmenter ou amoindrir l'importance d'un corps ainsi constitué?

Il me semble évident que son importance est plus grande qu'elle n'a jamais été.

La grande portée des canons est une cause de difficulté

très-grande pour placer les réserves d'infanterie d'une manière utile et prudente.

Placées à l'ancienne distance des premières lignes, elles sont trop exposées au feu de l'artillerie ennemie.

Les en éloigner davantage, c'est les exposer à ne pas pouvoir les secourir à temps.

Les en approcher davantage pour les mettre sous l'arcade du premier ricochet de l'obus ne les en préserve pas complétement. Si elles sont à l'abri du premier choc ou du ricochet du projectile, elles ne le sont pas de son explosion.

Augmenter leur mobilité permettra de mieux choisir leur distance des premières lignes.

Des réserves de *tireurs ou fantassins montés* rendront donc de grands services, que le perfectionnement des armes portatives de précision à longue portée et à tir rapide rendra encore beaucoup plus efficaces.

J'emploie à dessein une expression qui paraît choquante et irrationnelle (celle de fantassin monté) pour mieux exprimer ma pensée.

L'ancien dragon ou le carabinier monté dont il est question ne sera pas un cavalier mettant pied à terre à l'occasion pour se battre à pied, mais bien un fantassin destiné à se battre à pied seulement et n'empruntant à son cheval que le secours de sa rapidité pour se rendre au plus vite à son poste de combat.

Le mode d'action du carabinier monté peut se comparer à celui de l'artillerie à cheval. Ils se mettront en bataille comme l'artillerie à cheval se met en batterie, en laissant les chevaux confiés à la garde de quelques hommes.

2. *Armes.* — Les carabiniers montés ne différeront des tireurs d'élite d'infanterie que par la rapidité avec laquelle

ils pourront se déplacer, comme les batteries volantes ; leur arme ne doit pas différer de la leur. Comme eux, ils devront, selon les cas, fournir un tir très-précis à grande distance ou un tir très-rapide. Le fusil Spencer, à répétition et à double détente, muni de la hausse à curseur du modèle d'infanterie, sera donc l'arme du carabinier monté.

3. *Support de tir.* — L'emploi de la hausse à curseur, adoptée pour le tir à grande distance et à distances variables, n'est pas le seul moyen de lui donner plus de précision.

L'immobilité de l'arme en est la première condition. Il est facile de l'obtenir en appuyant le canon du fusil sur un support qu'un cavalier transportera plus aisément avec lui qu'un fantassin. Le plus commode sera formé de deux bâtons emmanchés avec une douille, comme les bâtons de la tente de campement, d'une longueur de $1^{m},60$ environ. Le bâton du haut se termine en fourchette et celui du bas en une pointe de fer qui se plante dans le sol.

Il pourra s'emmancher ou se démancher en un instant et se porter sur le paquetage comme les bâtons de tente.

L'addition du support de tir à l'équipement du carabinier monté donnera à son tir une sûreté remarquable.

4. *Arme blanche.* — Une arme blanche quelconque est pour tout soldat un complément indispensable à son armement.

Les carabiniers montés n'auront à s'en servir que très-rarement : par exemple, en cas de surprise à pied, ou à cheval poursuivis par des cavaliers. La mieux choisie serait la baïonnette triangulaire rentrante, placée comme la baguette dans une coulisse, et se tirant rapidement de cette coulisse en cas de surprise à pied, et le sabre léger du canonnier monté, fixé au quartier de la selle serait l'arme de réserve à cheval.

A la place de ces deux armes on peut donner au carabinier monté le sabre-baïonnette du modèle de l'artillerie, pouvant servir dans les deux cas, à pied ou à cheval.

Le premier armement serait assurément plus commode, mais le second me semble préférable comme plus prudent, en ce qu'il rend les charges impossibles. Il serait à craindre avec le premier que, dans certains cas, obéissant à des idées trop françaises, on ne fît charger au galop un corps spécial qui n'est monté, armé et exercé que pour faire une infanterie très-mobile, et ne serait jamais qu'une cavalerie détestable, si on voulait le faire charger.

Le pistolet-revolver complétera l'armement du carabinier monté et sera l'arme de défense la plus utile dans les cas de surprise.

Recrutement et service. — Les carabiniers montés se recruteront au concours comme les tireurs d'élite d'infanterie, et seront pris dans la cavalerie ou dans l'infanterie, selon les aptitudes spéciales des concurrents. Au dépôt d'instruction, on exercera plus particulièrement au tir les hommes sortant de la cavalerie; et à l'équitation, les hommes sortant de l'infanterie. Les exercices de tir à la cible et d'évaluation des distances seront très-multipliés pour ce corps spécial.

Leurs chevaux seront choisis parmi les plus calmes et les plus dociles des escadrons de chasseurs qui pourront s'épurer très-utilement au profit de ce corps.

Leur harnachement portera la bricole comme celui des chasseurs.

Les carabiniers montés auront le fourniment d'infanterie avec deux gibernes, pour être bien approvisionnés de cartouches. A cheval, ils porteront le fusil en bandoulière ou à la botte, la crosse en bas. Entrant en bataille, ils mettront pied à terre, coupleront immédiatement les chevaux par quatre et confieront la garde des quatre chevaux couplés au cavalier n° 4 de chaque file.

Les carabiniers montés agiront en campagne comme troupes de réserve, pour renforcer les troupes sur le point de plier ou pour aider à une attaque prompte qui a lieu dans des conditions difficiles. Ils seront aussi plus à même que les troupes d'infanterie de faire des attaques simulées sur différents points pour détourner l'attention de l'ennemi; leur extrême mobilité leur en facilitera les moyens. Il en sera de même pour prendre à revers les batteries d'artillerie par des mouvements tournants. En garnison, ils feront le service de place comme l'infanterie.

Effectif. — Les régiments de carabiniers montés seront formés de cinq escadrons de 120 cavaliers montés chacun.

Soient 4 escadrons de guerre;

1 escadron de dépôt.

Chaque escadron se divisera en quatre pelotons, comme ceux de chasseurs, et aura les mêmes cadres.

Habillement. — Ce qui a été dit de l'habillement de l'infanterie s'applique aussi à la cavalerie, à part le pantalon et les guêtres, qui seront remplacés, pour la cavalerie, par un pantalon basané, et pour les carabiniers montés, par un pantalon rentrant dans les bottes, qui ne gênera pas la marche comme un pantalon basané et à sous-pieds. Pour la même raison, les carabiniers montés n'auront que des éperons extrêmement courts dont la molette touchera le talon pour ne gêner en rien la marche à pied.

Les parements de la tunique seront seulement de couleur

différente selon les armes : bleu azur pour l'infanterie, jaune pour la cavalerie et rouge pour l'artillerie. Le manteau de drap gris à manches et pèlerine, complètera l'habillement de tous les hommes à cheval.

CHAPITRE V.

Génie (1re PARTIE).

Le service du génie est intimement lié à celui de l'artillerie, et il doit recevoir une extension proportionnelle à celle de l'artillerie.

Les ouvrages de fortification pourront se construire dans des conditions utiles à une plus grande distance de l'ennemi que par le passé, à cause de la grande portée de son artillerie. Mais malgré cette grande portée, les travailleurs seront moins inquiétés et moins facilement observés que dans les anciennes conditions.

La masse énorme et la grande pénétration des nouveaux projectiles d'artillerie nécessitera une augmentation très-considérable de l'épaisseur des parapets, qui sera environ triplée.

En même temps qu'il devient de plus en plus nécessaire de se défiler, et de casemater les batteries, le cube de terre qu'on aura à déplacer pour la construction des nouveaux ouvrages augmentera avec le nombre de bouches à feu engagées de part et d'autre et la puissance de leur tir.

Il deviendra le plus souvent si considérable que les sapeurs du génie même plus nombreux réduits à eux seuls ne pourraient pas y suffire.

Sans décentraliser l'administration du génie qui doit conserver, pour être forte, sa parfaite homogénéité, et ne relever que d'hommes spéciaux et à la hauteur de leurs fonctions, il est nécessaire de donner au génie de nombreux auxiliaires.

L'adoption des outils réglementaires dans toutes les compagnies d'infanterie, et du sac à terre pour chaque soldat de toutes armes, l'addition de quelques hommes spéciaux dans tous les corps d'infanterie, qui ne dispensera pas les officiers de cette arme de connaître la construction des fortifications volantes les plus usuelles, satisferont à ce besoin nouveau d'un matériel portatif et d'un personnel auxiliaires.

Je n'aborde pas la question trop élevée du service du génie pour les fortifications de place et pour les travaux de siége, pas plus que je ne l'ai fait pour l'artillerie. Je me restreins à ce qui concerne le service de campagne. La construction des fortifications volantes n'est pas le seul service qui incombe au génie.

Chemins de fer. — Les grands mouvements stratégiques de l'armée prussienne se sont faits par l'usage si habile que son état-major a fait des chemins de fer, et ces mouvements ont eu presque toujours une importance décisive.

Assurer à une armée en campagne l'usage des chemins de fer dans le pays occupé lui rendra donc d'immenses services. On pourra transporter rapidement et à grandes distances les troupes, le matériel d'artillerie, et entre autres, les nouvelles pièces de siége que leur poids énorme (5,000 à 8,000 kilog. environ) ne permet pas de transporter autrement, ainsi que les vivres et les munitions dont on régularisera l'approvisionnement et les distributions. En même temps on pourra évacuer les blessés au fur et à mesure. Ils seront mieux soignés loin du théâtre de la guerre, et l'on s'affranchira d'une partie des ambulances et de tout ce qui entrave la marche d'une armée.

Pour atteindre ce but si important, il me semble nécessaire d'organiser un corps spécial d'ouvriers du génie comparable à celui des pontonniers, chargé du service spécial du rétablissement des chemins de fer.

Les services de ce corps seront d'autant plus faciles à utiliser que les chemins de fer ne sont jamais détruits sur un grand parcours dans le pays occupé par l'ennemi, mais seulement coupés dans les parties les plus dommageables de la ligne telles que ponts ou remblais élevés.

Ce corps aurait, comme les pontonniers, un outillage spécial complet et un gros matériel à mettre en œuvre, porté sur des fourgons. Il se composera :

1°. Du matériel de la voie : rails, traverses et éclisses ;

2°. Du matériel d'estacades de charpentes ;

3°. Des accessoires du matériel roulant et des machines;

4°. Du matériel de travail.

1. *Matériel de la voie.* — Le matériel de la voie se composera de rails à patin du système Vignols qui sont plus légers que les rails à double champignon, et n'ont pas besoin de coussinets. Ces rails pesant 37 kg. le mètre courant, leur poids sera de 222 kg. pour un rail de 6^{m} de long.

Les traverses de bois seront remplacées par des plateaux de tôle épaisse de 5 à 6 millimètres environ, de 2 mètres de long sur une largeur de 0^{m} 30 à 0^{m} 35 coudés au bord, dans le sens de leur longueur, pour leur donner de la rigidité.

Ces plateaux de tôle porteront à leurs deux extrémités deux trous pour recevoir des boulons retenant le patin du rail par leur écrou :

Le poids de ces plateaux est de 36 kilog. environ.

Les espaçant de 0^{m} 60 d'axe en axe, il en faudra 10 pour une longueur de voie de 6^{m}, représentant celle d'un rail.

Les deux rails et leurs dix traverses pesant ensemble 800 kilog., un fourgon chargé de 3,200 kg, ce qui n'excède pas la charge de quatre chevaux, pourra conduire 8 rails et 40 traverses ou 24 mètres de voie, non compris les 160 boulons.

Ces plateaux de tôle ne valent pas les traverses de bois, mais ils seront plus légers et moins encombrants.

Pour que le transport en soit plus facile, on ne les fera pas tous d'une largeur uniforme, mais on les divisera par groupes de cinq, de largeur décroissante de deux épaisseurs de tôle, de manière à les emboiter les uns dans les autres, pour les transporter. On aura ainsi autant de séries de cinq plateaux que de rails sur un fourgon.

2. *Matériel de cintres et estacades.* — Le matériel de cintres et d'estacades servira au rétablissement des ponts et des remblais coupés. Il se composera de pièces longues et de sabots d'assemblage.

Ce qui présente le plus de difficultés dans la construction d'une charpente quelconque, c'est la confection des assemblages. On obviera à cette difficulté et à cette cause de lenteur, par l'emploi de sabots d'assemblage en fer de tous les modèles en usage dans la construction des cintres et des estacades. Ces sabots d'assemblage seront formés, les uns de deux manchons, les autres de trois manchons cylindriques, soudés les uns d'équerre, les autres en *T*, d'autres sous les angles de 60°; 45°; 120°, etc., usités en charpente.

Avec ces sabots, on n'aura qu'à scier les pièces de bois en grume de longueur et à les dégrossir à leurs extrémités pour les assembler rapidement, solidement et avec toute l'exactitude géométrique pour faire des estacades ou des cintres, suivant les modèles réglementaires.

Comme on peut manquer dans certains cas, du bois nécessaire à la construction des charpentes, on emportera sur les fourgons, des cylindres de tôle épaisse plus légers, à égalité de résistance, que des pièces de bois. Ces cylindres, de longueurs diverses et conformes aux dimensions des modèles, s'emboîteront dans les manchons des sabots d'assemblage comme des pièces de bois.

Les sabots d'assemblage seront réunis deux à deux par des cordes en fils de fer ou des tiges munies de tendeurs à vis qui les maintiendront assujétis en position convenable.

3. *Matériel roulant et machines.* — D'autres fourgons porteront quelques couples de roues de wagon avec leur essieu et un assortiment complet des petites pièces mobiles et les plus faciles à démonter du mécanisme des locomotives, telles que : boulons, robinets, clavettes, coussinets, colliers d'excentrique, tiges de fer, bielles, et même quelques pistons avec tige.

L'assortiment se composera de pièces de tous modèles et de toutes dimensions pouvant s'adapter à toute locomotive que l'on trouvera désemparée, et que l'on remettra promptement en état de service.

4. *Matériel de travail.* — Le matériel de travail se composera de forges roulantes, de cabestans, chèvres, treuils, moufles et cordages pour remuer et monter les lourdes pièces de charpente, et d'un assortiment complet d'outils à main pour travailler le bois et le fer.

Les ouvriers du génie appartenant aux sections de mécaniciens, surtout les sous-officiers et caporaux, seront exercés aux travaux de forge et d'ajustage, ainsi qu'à la conduite des locomotives, aux services d'aiguilleur et de serre-frein.

Ces ouvriers mécaniciens du génie seront versés en temps de paix au personnel des manufactures d'armes et de matériel de guerre dans les ateliers de réparation.

Génie. (2e partie).

Service du génie auxiliaire de l'état-major. — L'importance des plans topographiques embrassant une vaste étendue ou bien très-précis et très-rapidement levés s'ils embrassent une étendue moindre, devient de plus en plus grande dans les conditions nouvelles de la guerre.

Le service d'observation lointaine et celui des signaux ne sont pas moins importants à l'état-major que celui des cartes pour éclairer la marche et les mouvements de l'armée.

L'état-major devra donc trouver au matériel du génie ce qui sera nécessaire pour seconder ces trois importants services.

L'usage des ballons, de la photographie, de la télégraphie électrique et même de la lumière électrique peut être d'un immense secours sans trop de difficultés pratiques pour les seconder.

Ballons. — L'usage des ballons captifs n'est pas nouveau, mais il n'a été que trop rare. La bataille de Fleurus en 1794 et le siége de Paris, sont les seuls cas bien connus où l'on s'en est servi.

Cependant l'importance de leur rôle s'est accrue immensément par l'application qu'ils permettent de faire des dernières inventions contemporaines, à l'art de la guerre.

Les ballons ont servi à Fleurus d'observatoires militaires pour suivre avec le secours des lunettes les mouvements de l'ennemi sur une grande étendue, et correspondre par des signaux avec l'état-major français.

Ils pourraient servir maintenant d'une manière plus parfaite à cet usage en installant dans la nacelle un appareil télégraphique correspondant avec un autre appareil installé à terre, par un des fils électriques logés dans la corde qui retient le ballon.

La pile électrique reste à terre à côté du second appareil, et la corde qui retient le ballon contient trois fils de cuivre rouge isolés dans la gutta-percca : l'un conduit à la nacelle le courant partant de la pile, et les deux autres réunissent les deux appareils; l'un est à courant ascendant et l'autre à courant descendant.

Ces mêmes fils pourront servir à établir tous trois ensemble un courant électrique très-intense pour produire de a lumière. Elle sera projetée par l'aéronaute à l'aide d'un réflecteur, sur tel ou tel point que l'on voudra observer la nuit. On pourra, par un mouvement tournant de ce réflecteur éclairer et observer tout le cercle extérieur au cordon des sentinelles avancées autour d'un camp et se mettre à l'abri de toute surprise nocturne.

Ce même fanal électrique établi sur un monticule pourra projeter au besoin sa lumière vive sur un point qui doit être battu par un tir de nuit d'artillerie.

Cette lumière permanente arrivant de haut en bas, et que l'on dirige à volonté, que l'on interrompt de même, remplacera avantageusement les pots à feu lancés en pareil cas par un tir assez incertain vers le but qui doit être battu et qui n'éclairent que pendant un temps assez court.

Les ballons pourront encore servir à lever rapidement le plan topographique d'un espace assez étendu, avec le secours d'un appareil photographique.

Du haut d'un ballon élevé à plusieurs centaines de mètres au-dessus du sol, l'aéronaute découvre un vaste horizon, et dirigeant verticalement au-dessous de lui l'objectif d'un appareil photographique, il reproduit l'image du terrain qu'il domine.

Cette image ne sera plus un dessin fait d'après la perspective fuyante, comme lorsque l'appareil est placé à peu de hauteur au-dessus du sol ; elle se rapprochera beaucoup de la figure géométrique du terrain.

Elle en sera même la reproduction rigoureuse pour les points placés sous la verticale passant par l'objectif, et qui se trouveront au centre de l'image. Pour les autres points, la perspective produira une déformation d'autant plus grande qu'ils seront plus éloignés du centre et reproduits sur l'image par des rayons plus obliques.

Malgré cette déformation produite par cette perspective cônique, le plan amplifié pourra être d'une grande utilité. En effet, il fera connaître la position des routes et des chemins, des maisons, des murs, des cours d'eau et des étangs, des bois, des arbres isolés et des haies, celle des campements et ouvrages de fortification par rapport à tout ce qui les environne, l'état des végétations grandes et petites qui couvrent le sol et la hauteur relative des différents points du terrain par les longueurs des ombres portées, quand le soleil est peu élevé au-dessus de l'horizon.

Toutes ces indications sont très-précieuses pour l'usage que l'état-major doit faire de ces plans.

Le ballon s'élèvera d'autant plus haut qu'il sera nécessaire d'embrasser un champ plus étendu en donnant moins de divergence aux rayons extrêmes.

A cause du mouvement incessant du ballon, on emploiera des plaques photographiques très-sensibles donnant une impression instantanée.

Les ballons seront encore d'une grande utilité pour correspondre, à l'aide de lunettes, de deux points éloignés de quelques kilomètres, en déployant des pavillons ou banderoles de diverses couleurs conventionnelles, d'une manière analogue aux sémaphores, et qu'on ne pourra intercepter comme les communications télégraphiques.

Matériel des ballons. — Tout l'appareil du ballon sera porté par un fourgon des équipages du génie. Il se composera de :

L'aérostat avec son filet, sa nacelle et son parachute;

Sa corde d'amarrage portant intérieurement les fils métalliques isolés et un treuil portatif pour dévider cette corde;

Les appareils de gonflement comprenant un petit tonneau d'eau et deux autres vases contenant de l'acide sulfurique et des morceaux de zinc pour produire de l'hydrogène.

Une caisse spéciale contiendra la pile électrique, et une autre les instruments délicats : lunettes, appareils photographiques et phare électrique.

Quand on voudra faire usage du ballon captif, le treuil sera solidement fixé au sol avec de longues chevilles de fer.

La disposition la plus prudente et la plus commode à adopter pour l'aérostat consiste à remplacer l'aérostat unique employé jusqu'à présent par un groupe de petits aérostats enveloppés du même filet.

Un aérostat unique serait d'un usage dangereux s'il venait à être atteint par un projectile, l'aéronaute pourrait tomber sans avoir déployé son parachute. Il n'en sera pas de même si la nacelle est supportée par dix ou quinze petits aérostats.

Si l'un d'eux est atteint, les autres suffiront encore pour la maintenir, et celui qui manque pourra être remplacé.

Le gonflement sera aussi plus facile pour chacun de ces petits aérostats séparés que pour un seul de grande dimension. Ces petits aérostats pourront encore être employés comme signaux. Pour cela, on les fera de couleurs diverses. On pourra, dans certains cas, sans mettre en jeu tout l'appareil de ballons, hisser avec une petite corde de retenue un ou deux petits aérostats qui se verront de loin. En choisissant telle ou telle couleur pour les élever seuls, ou en combinant ces couleurs deux à deux, on pourra faire grand nombre de signaux qui produiront, le jour, à la clarté la plus vive, le même effet que les fusées colorées la nuit ou par des temps sombres.

Autres applications de la photographie. — Les appareils photographiques rendront encore à l'état-major bien d'autres services que pour le levé des plans.

Ils peuvent servir à reproduire, avec toute la rapidité de la lithographie, des plans topographiques ou certaines parties du plan dont on a besoin de grand nombre d'exemplaires, en les amplifiant ou en les réduisant avec toute la rigueur mathématique.

Ils peuvent encore rendre les mêmes services qu'une petite imprimerie portative de campagne, pour la transcription rapide et à grand nombre d'exemplaires des ordres manuscrits.

Aussi, me semble-t-il nécessaire que chaque état-major de division ait son appareil photographique confié aux soins d'un secrétaire-photographe d'état-major.

Cet appareil, léger et portatif, sera indépendant des appareils spéciaux servant au levé des plans en ballon.

CHAPITRE VI.

Gendarmerie.

Le corps de la gendarmerie a fait apprécier, par son admirable conduite pendant les malheureux événements de 1871, l'étendue des services que la sécurité publique peut attendre de lui.

On doit donc s'efforcer de rendre son organisation plus puissante. Que peut-on faire pour l'améliorer? Perfectionner ses armes et donner plus d'extension à son service.

Armes. — Les gendarmes sont rarement en troupe nombreuse, et quand ils ont à se servir de leurs armes, c'est qu'ils sont menacés d'être écrasés par le nombre ou qu'ils ont à empêcher une tentative d'évasion hardie d'un homme dangereux et agile.

Pour faire, dans ces cas-là, des décharges rapides et multipliées, c'est une arme à répétition qui leur rendra les plus grands services.

De plus, les armes de la gendarmerie doivent être courtes et légères pour ne pas embarrasser l'homme qui les porte dans le service de police rurale, et qu'il ne s'expose pas à les laisser, dans certains cas, pour s'affranchir d'une fatigue.

L'arme qui remplira le mieux les conditions nécessaires au service de la gendarmerie à pied et de la gendarmerie à cheval est le mousqueton à répétition Spenser, de la longueur de l'ancien mousqueton à percussion de gendarmerie.

Ce mousqueton sera muni d'une baïonnette triangulaire légère, rentrant dans une coulisse, comme une baguette.

Cette baïonnette, rapide à tirer et ne se séparant jamais du mousqueton, pourra, dans bien des cas, être fort utile, au moins comme moyen d'intimidation, et elle n'augmentera pas sensiblement le poids de l'arme.

Il aura, comme le mousqueton de cavalerie, un cran fixe de but-en-blanc et deux crans pliants à charnière, l'un pour les moyennes, l'autre pour les grandes distances, au lieu de la hausse à curseur trop compliquée.

Cette arme, avec son réservoir de 6 cartouches et sa baïonnette à coulisse, est toujours suffisante à elle seule, et en cas d'alerte, le gendarme peut se passer de tout fourniment.

Le pistolet-revolver du modèle de la cavalerie, fera partie de l'armement du gendarme à cheval et du gendarme à pied, qui le portera au ceinturon avec la cartouchière et la pochette de cavalerie, toutes les fois qu'il sera de service.

Enfin, le gendarme à cheval aura le sabre de cavalerie, et le gendarme à pied, le sabre-briquet.

2. *Brigades mixtes.* — Les brigades de gendarmerie sont à pied ou à cheval, selon la position de la localité où elles résident. Les premières sont souvent plus à même de faire le service ordinaire de police rurale, comme les gardes champêtres et les gardes forestiers. Mais, dans certains cas d'urgence que présente le service et pour celui de la correspondance, le secours d'un cheval sera très-utile, surtout maintenant que tous les chefs-lieux de canton sont traversés par de bonnes routes.

Dans les brigades à cheval, au contraire, les gendarmes s'habituent trop souvent à ne faire leurs tournées qu'à cheval et ne peuvent pas aller partout où des hommes à pied iraient facilement, comme le font les gardes.

De plus, les soins du pansage et de l'entretien du harnachement prennent un temps considérable aux dépens du service de police.

Or, il est fort rare que, dans une brigade à cheval, tous les chevaux soient montés en même temps. Les gendarmes, même avec la faculté de se servir de leurs chevaux, vont souvent à pied, soit parce que la nature de leur service les y oblige, soit pour s'éviter la peine d'un nouveau nettoyage.

Le meilleur moyen de simplifier les soins étrangers au service proprement dit, qui se prennent à ses dépens, et de mettre les gendarmes à même de suffire à tous les cas que leur service peut présenter, est donc de former des brigades mixtes.

Dans ces brigades mixtes, le brigadier ou le maréchal des logis aura son cheval pour lui seul, et il y aura un cheval pour deux gendarmes. Soit, par brigade : cinq hommes, dont le brigadier, et trois chevaux.

Deux gendarmes seront alternativement de service à pied, puis de service à cheval, toutes les semaines. Le soin du pansage incombera naturellement aux deux hommes de service à cheval.

On pourra ainsi exiger des deux gendarmes de service à pied, un service de surveillance continue plus assidu.

Cette organisation rendra, en même temps, le service de la gendarmerie plus efficace et son entretien plus économique. En conservant le même budget pour la gendarmerie, on pourra augmenter, selon les besoins des localités, le nombre des brigades ou leur effectif.

3. *Tenue.* — Ce que l'on peut dire des améliorations à apporter à la tenue des troupes, pour rendre l'habillement et le fourniment plus commodes et d'un entretien plus facile,

s'applique également à la gendarmerie. Mais il est important que ce corps d'élite conserve tout le prestige et la considération qui l'entourent. Un des meilleurs moyens de les lui assurer consiste dans le port des insignes.

Comme la gendarmerie est ordinairement sédentaire et n'a pas à voyager sans cesse, comme l'armée active, entre les villes de garnison et les camps d'instruction, en emportant ses effets avec elle, il me semble opportun de lui donner deux tenues.

1°. Une grande tenue, en conservant l'habit à basques, ou le remplaçant par la tunique ; le chapeau galonné, les aiguillettes, et les buffleteries blanches et jaunes. Cette tenue serait portée à cheval, avec le ceinturon de cuir noir, et le chapeau, couvert de sa coiffe de toile cirée, par les mauvais temps.

2°. Une petite tenue, commode et peu voyante, pour le service rural, à pied. Elle se composera du pantalon, rentré dans les guêtres (pantalon d'ordonnance hors d'usage et guêtres d'infanterie, en cuir ou en toile) ; d'une tunique-vareuse, avec poches de côté, et du képi d'infanterie, à couvre-nuque. La tunique-vareuse, faite du drap de capote d'infanterie, portera comme insigne distinctif de la gendarmerie, une plaque de cuivre, au côté gauche de la poitrine, au lieu des épaulettes et aiguillettes réservées à la grande tenue. Le fourniment de la petite tenue à pied, consiste en un ceinturon à boucle, en cuir ciré noir, portant la fonte de revolver, la cartouchière et la pochette, sans le sabre.

CHAPITRE VII.

1re PARTIE.

Intendances. Magasins.

La facilité donnée à l'armée de s'approvisionner sûrement et rapidement de toutes les fournitures qui lui sont nécessaires, sera pour elle un puissant élément de force.

Des milliers d'hommes se sont trouvés dans l'impossibilité d'agir faute du matériel, même du matériel le plus secondaire qui leur était indispensable et qu'on a dû faire venir de loin à grands frais, en subissant avec les retards les plus fâcheux, les conséquences des spéculations les plus odieuses. Ou bien, on s'est vu obligé de fabriquer à la hâte et dans des conditions déplorables, tout ce que l'on n'avait pas à sa disposition immédiate.

Le meilleur moyen de remédier à l'ancien état de choses, si vicieux, et d'assurer l'important service des approvisionnements, est d'organiser de nombreux magasins dépendant de l'administration des intendances, contenant chacun toutes les fournitures nécessaires aux troupes de toutes armes.

Chaque division territoriale aura un magasin central d'intendance, et ce magasin central aura dans sa division autant de succursales qu'il sera nécessaire.

L'uniformité des fournitures de l'armée rendra l'approvisionnement de ces magasins militaires beaucoup plus facile qu'il n'eût été par le passé. Cette uniformité dispensera même de transporter à la suite de chaque corps la grande quantité de fournitures spéciales qui étaient propres à chacun d'eux.

Ces magasins, très-multipliés sur tout le territoire au lieu d'être concentrés dans quelques villes seulement, seront d'une grande utilité : 1°. pour faciliter l'instruction des recrues appelées temporairement dans les dépôts les plus voisins de leur résidence ; 2°. pour équiper rapidement et mettre sur pied de guerre complet toutes les réserves appelées à se concentrer rapidement dans les villes de dépôt les plus rapprochées de leur domicile ; 3°. pour fournir *immédiatement* aux troupes de passage ou sur leur départ en temps de guerre tout ce qui leur est nécessaire pour l'entrée en campagne et poursuivre leur marche en avant, ou pour se reformer si elles battent en retraite ; 4°. pour faciliter et rendre moins coûteux les déplacements des régiments, qui n'auront plus à traîner à leur suite un matériel considérable qu'ils retrouveront toujours au lieu d'arrivée ; ces magasins ne dépendant plus de l'administration régimentaire si mobile, mais bien de l'administration sédentaire de l'intendance divisionnaire.

Ces magasins étant approvisionnés d'objets qui peuvent exciter, dans certains cas, la cupidité dangereuse de la population des villes, tels que armes et munitions, ne peuvent être placés que dans l'enceinte des forts ou des casernes.

Ils y seront sous la garde de ceux même qui en auront besoin et se trouveront toujours à leur disposition immédiate.

On choisira de préférence, pour l'établissement des magasins d'intendance de premier ordre, les villes placées à la bifurcation des chemins de fer, pour faciliter le transport des approvisionnements ou la concentration des troupes dans plusieurs directions.

Chaque magasin central se divisera, d'après la nature et le mode de conservation des objets qu'il contient, en six magasins spéciaux :

1er Magasin : Vivres.

2e Magasin : Habillement.

3e Magasin : Harnachement et fourniment.

4e Magasin : Campement.

5e Magasin : Armes.

6e Magasin : Munitions.

1er *Magasin. Vivres.* — Le premier magasin, placé sous la direction d'officiers d'intendance préposés aux vivres, fournira les vivres de campagne et ceux que les troupes en garnison ou dans les camps d'instruction consomment journellement. L'administration centrale le fera à meilleur marché en achetant aux producteurs des approvisionnements en gros ou en passant des marchés avec des fournisseurs, qu'en laissant à chaque compagnie le soin de s'approvisionner elle-même chaque jour ; et la ration du soldat ne sera pas exposée à être amoindrie par les détournements trop faciles des caporaux d'ordinaire.

L'administration des intendances, habituée à fonctionner en permanence, ne sera jamais prise au dépourvu au moment des passages ou des concentrations de troupes, où son service devient plus difficile et acquiert une plus grande importance.

Ces magasins auront toujours une réserve de farine, pain, biscuit, viande salée, lard, riz et légumes secs, sel, vin, eau-de-vie, café et sucre, prête à être distribuée.

2e *Magasin. Habillement.* — Les magasins d'habillement seront approvisionnés de toutes les fournitures de lingerie, habillement, chaussures et couvertures de laine, nécessaires à l'armée. Ces fournitures se composent de chemises, ceintures de flanelle, tuniques (la même pour tous les corps avec parements de couleurs différentes selon les armes, et numéros au collet, différents selon les régiments, deux choses faciles à rapporter après les distributions de vêtements faites à chacun), pantalons de fantassins, pantalons basanés pour cavaliers, pantalons de coutil, képis avec couvre-nuque, cravates, capotes et manteaux de cavalerie, souliers, guêtres de cuir ou de toile, bottes, couvertures de campement et couvertures de chevaux. Ces derniers objets seront déposés aux magasins d'habillement et non point aux magasins de campement et de harnachement, à cause des soins particuliers qu'exige la conservation des lainages.

3e *Magasin. Harnachement et fourniment.* — Ce magasin contiendra tous les objets de sellerie et de cuir, excepté les chaussures, qui se trouvent au 2e magasin.

Les fourniments comprennent : ceinturons d'infanterie avec porte-fourreau à coulisse pour poignard-baïonnette et d'autres plus larges d'ouverture pour sabre-baïonnette, ceinturons de cavalerie de la même largeur que les premiers, et fermés par la même plaque, dragonnes de sabre, bretelles de fusil, lanières de pistolet, le tout en cuir noir ciré, et comprenant deux largeurs seulement, l'une pour ceinturons, l'autre pour les courroies, cartouchières et pochettes à coulisses en cuir mou, fontes de ceinturons, courroies de manteau et de paquetage, sacs d'infanterie et valises de cavalerie; armements de canons : sacs à gargousses, poches à étoupilles avec dégorgeoir, doigtiers et tire-feu.

Les fournitures de harnachement consistent : en selles garnies de tous ses accessoires, sangles, étrivières, brides avec mors et bridon, licols d'écurie avec bridon relevé de la muserole à la sous-gorge, et courroie servant à volonté de longe ou de rênes, bricoles et traits légers, traits d'artillerie, bottes de mousqueton et de fusil, sacoches et filets à fourrage.

4e *Magasin. Campement.* — Ce magasin est approvisionné de tous les objets métalliques, de bois ou de toile. Ces objets sont des tentes, cordages, piquets; les outils : hâches, pioches, pelles et autres outils portatifs du génie, sacs à terre et rouleaux de fil de fer ; ustensiles de cuisine : gamelles, marmites, grands et petits bidons, sacs à pain, cuillères ; fers de chevaux et outils de maréchalerie, ustensiles de pansage et musettes.

5e *Magasin. Armes.* — Contenant toutes les armes portatives réglementaires.

1. Fusils Remington avec poignard-baïonnette (fusiliers).
2. Fusils Spenser — (carabiniers).
3. — avec sabre-baïonnette ou baïonnette à coulisse (carabiniers montés).
4. Mousquetons Remington (cavalerie).
5. Mousquetons Spenser avec sabre baïonnette (artillerie).
6. — — avec baïonnette à coulisse (gend.).
7. Pistolets-revolver.
8. Sabres de cavalerie.
9. Nécessaires d'armes et boites à graisse.

Ces différentes espèces d'armes se trouveront dans les magasins, dans la même proportion qu'elles seront employées dans l'armée.

En ce qui concerne la fabrication, on n'aura que deux dimensions de canons : le canon de fusil et le canon de mousqueton, tous deux du même calibre 11^{mm} ou $12^{mm},6$, selon que l'on veut adapter les canons de fusil Chassepot, à la fabrication de fusils Remington et Spenser ou adopter le calibre anglais un peu plus fort que le premier.

Tous les canons longs pour fusils, portent la même hausse à curseur, et tous les canons courts pour mousquetons, portent deux crans pliants. Tous ces canons se terminent par le même tenon d'emmanchement ajustés tous très-exactement sur le même gabarit pour pouvoir y adapter un poignard ou un sabre-baïonnette réglementaire quelconque.

6e. *Magasin de Munitions.* — Ces magasins ou poudrières divisionnaires seront approvisionnées de :

1. Cartouches de fusils (Remington ou Spenser, même modèle.)
2. — Mousquetons (— plus courtes.)
3. — Pistolets-revolver.
4. — Mitrailleuses.
5. Pétards légers.
6. Etoupilles pour canons.

Ces deux dernières munitions seront emmagasinées séparément par mesure de prudence.

Les cartouches des quatre modèles étant toutes à enveloppe métallique ne seront ni dangereuses à conserver, ni sujettes à altération.

Les cartouches de fusil et de mousquetons ne différant que par leurs charges de poudre, pourront au besoin se remplacer en élevant un peu plus la hausse du fusil, si on le charge avec la seconde cartouche.

Le gros matériel de l'artillerie, du génie et du train : canons, mitrailleuses, affûts, caissons, fourgons, roues de rechange, harnachement de trait, appareil de pont et de chemin de fer ne se trouvera que dans des parcs spéciaux.

Il en sera de même des munitions d'artillerie et des gros

artifices du génie qui resteront déposés dans des poudrières spéciales ou dans les enceintes fortifiées.

Tout ce gros matériel et ces grosses munitions ne dépendront pas de l'administration des intendances divisionnaires, mais des intendances générales de chaque grand commandement territorial.

2e PARTIE.

Train.

Le service du train des équipages est étroitement lié à celui de l'administration des magasins d'intendance.

Je suis donc amené naturellement à demander une réforme dans cet important service auxiliaire de l'armée. Elle est également applicable au train du génie et au train d'artillerie.

Les chevaux du train sont montés par leur conducteur comme ceux de l'artillerie.

Cependant ils n'ont pas à faire, comme ces derniers, un service de vitesse ou des évolutions difficiles.

Un cheval attelé ne peut pas fournir à la traction, s'il est monté, toute la force dont il disposerait s'il ne l'était pas. Pourquoi donc les surcharger inutilement du poids d'un cavalier, surtout quand il a une dureté de main qui oblige le cheval à se rassembler et l'empêcher de tirer librement ?

Il y aurait donc tout avantage à faire asseoir le conducteur sur la banquette d'avant-train, en le laissant libre de marcher à pied à côté de ses chevaux dans certains cas.

Pour utiliser autant que possible la force du cheval de gros trait, il serait encore opportun que le collier ouvert par le bas remplaçât la bricole dans le harnachement du train. La bricole restant réservée comme harnachement de rechange aux chevaux blessés par le collier et aux chevaux montés des sous-officiers et brigadiers qui ne sont attelés que par circonstances.

Enfin, il serait pareillement avantageux de remplacer le sabot d'enrayage par un frein ou mécanique comme en portent toutes les lourdes voitures à quatre roues.

CHAPITRE VIII.

1re PARTIE.

Formation des Corps embrigadés.

Les mouvements stratégiques se font maintenant par plus grandes masses que dans l'ancien système de guerre. On simplifiera donc le commandement des corps d'armée en augmentant l'effectif de l'unité stratégique : la division, plutôt qu'en augmentant le nombre de celles qui composent ces corps d'armée.

L'armée sera plus compacte et il sera plus facile de donner aux grands mouvements l'ensemble qui leur est nécessaire.

Le mode de formation le plus simple des corps embrigadés consiste à composer chacun de ces corps : division et brigade du même nombre pair d'unités de manœuvre de chaque arme.

Les effectifs de chacune de ces unités de manœuvre sont en effet proportionnels à l'étendue du rôle propre de chaque arme, et basés sur la manière dont chacune doit être représentée pour pouvoir se seconder mutuellement. En d'autres termes, les trois armes : infanterie, cavalerie et artillerie, seront représentées dans chaque brigade et chaque division par un nombre égal de bataillons, escadrons et batteries.

Infanterie. — La division se compose de deux brigades formées chacune de deux régiments comprenant leurs deux bataillons de guerre, le bataillon du dépôt n'étant pas embrigadé.

L'effectif de l'infanterie sera donc de huit bataillons, composés chacun de huit compagnies de fusiliers et d'une compagnie d'élite ou de carabiniers. Ces huit compagnies d'élite pouvant au besoin se grouper, pour former, s'il est nécessaire, un neuvième bataillon ou bataillon d'élite.

Cavalerie. — L'effectif de la cavalerie sera, d'après la règle ci-dessus, de huit escadrons de chasseurs, représentant deux régiments (non compris les escadrons du dépôt) et deux escadrons d'élite ou d'éclaireurs. L'un d'eux qui correspond au bataillon d'élite dans l'effectif de l'infanterie est tenu en réserve, l'autre est destiné au service spécial du général de division et des deux généraux de brigade pour le service d'estafettes et d'éclaireurs.

Carabiniers montés. — Ce corps est appelé à faire un service spécial, de nature telle que l'expérience seule permettra de fixer la proportion dans laquelle il doit entrer dans la composition d'une division. Considéré comme formant une seconde réserve d'infanterie, je prendrai la proportion simple de un escadron de carabiniers montés pour deux compagnies de carabiniers à pied, ce qui correspond à un escadron par demi-brigade ou un régiment (formé des quatre escadrons de guerre) par division.

Artillerie. — Chaque division *complète* (formée de trois armes) comptera dans son effectif huit batteries de canons, également réparties entre les deux brigades. Chacune d'elles aura deux batteries montées de 7, une batterie à cheval de 7 et une batterie de réserve de 16. On aura donc par division un régiment d'artillerie montée (le régiment d'artillerie étant réduit à quatre batteries de guerre et une de dépôt), un demi-régiment d'artillerie à cheval et un autre demi-régiment d'artillerie de réserve. Ces batteries seront sous le commandement spécial de deux colonels d'artillerie faisant partie de l'état-major de la division. Cet effectif de huit batteries ou quarante-huit canons sera renforcé par deux batteries de mitrailleuses de huit pièces, ayant chacune un rôle distinct.

La première en action, suivant l'infanterie pour renforcer la mousqueterie, la seconde en réserve pour garder l'artillerie contre les surprises. Il résultera de ce nombre de huit pièces par batterie de mitrailleuses, au lieu de six comme pour les batteries de canons, que dans une division ainsi organisée, chaque bataillon en aura une pour le renforcer et chaque batterie une autre pour la garder.

Quand les circonstances et la nature du terrain sur lequel une division devra opérer l'exigeront, on remplacera une ou deux de ces batteries montées ou à cheval par une ou deux batteries de montagne.

Génie et auxiliaires. — Chaque division sera complétée par : une compagnie du génie divisée en quatre équipes ; une compagnie du train d'artillerie portant la réserve de munitions pour fusils et canons ; une compagnie du train des équipages et d'ouvriers d'administration divisée en quatre sections correspondant à chaque demi-brigade et enfin d'une ambulance divisionnaire.

Chaque compagnie embrigadée de sapeurs du génie sera suivie d'un fourgon couvert à quatre roues et attelé de quatre chevaux, contenant les artifices et les outils ou instruments spéciaux, délicats à transporter et de quatre tombereaux (un par équipe) attelés chacun de deux chevaux servant aux travaux de terrassements et transportant en marche les brouettes, pelles, pioches, et pinces de fer.

Soit un supplément de 12 chevaux et 10 hommes dont 8 conducteurs, un caporal et un sous-officier.

Certain nombre des batteries de réserve resteront indépendantes des batteries embrigadées et dépendront d'un commandement spécial, comme l'artillerie à pied de place ou de siége.

Il en sera de même d'une partie du corps du génie réservée à divers services, tels que celui des ponts et chemins de fer, des ballons et des pontonniers. La nature de leurs services, propres à seconder les grandes opérations militaires par corps d'armée, ne permet pas de les embrigader et exige qu'il soit centralisé sous les ordres d'un état-major spécial.

Voyons, d'après cela, quel sera l'effectif d'une division en hommes, en chevaux, en bouches à feu et matériel auxiliaire.

De la composition d'une division on arrivera à déduire la constitution normale d'une armée, en fixant la proportion suivant laquelle les diverses armes doivent entrer dans sa composition, et combien d'hommes, pris dans un total de cent mille, doivent appartenir à tel ou tel corps.

Passant ensuite à la conclusion pratique de cette déduction, nous déterminerons le nombre de régiments d'artillerie et de cavalerie de diverses natures qui doivent correspondre à un nombre déterminé de régiments d'infanterie pris comme base, soit cent régiments de cette arme.

Mais pour établir une distinction bien nettement tranchée en trois catégories ou armes principales : infanterie, cavalerie et artillerie, et éviter la disproportion qui paraîtrait anormale entre le nombre de fantassins et de cavaliers, si l'on comptait ces derniers d'après l'effectif en chevaux de selle, il faut convenir de compter les carabiniers montés dans l'effectif de l'infanterie et non point dans celui de la cavalerie.

Le corps spécial des carabiniers montés ne devra être considéré comme cavalerie que pour le service d'intendance :

approvisionnement et logement, mais bien comme infanterie au point de vue stratégique du service en campagne.

Le tableau suivant résume l'effectif d'une division *complète* ou formée des trois armes.

La planche qui se trouve à la fin donne à première vue une idée précise de la nature et du nombre des éléments constituants d'une division et indique clairement la méthode d'après laquelle elle est organisée.

On voit comment cette grande unité stratégique se fractionne en un nombre pair de brigades et de demi-brigades composées des mêmes éléments, se retrouvant partout et permettant à chacune de se suffire à elle-même dans tous les cas. Comme aussi, ces diverses fractions des mêmes armes, indépendantes les unes des autres, pourront se grouper de manière à composer un tout homogène dont les efforts auront une plus parfaite unité d'action, nécessaire dans certains cas. C'est ainsi que l'on formera, quand la nature des opérations militaires l'exigera, des divisions *spéciales* d'une seule arme.

Mais il importe d'observer que ce dessin ne figure autre chose qu'une disposition conventionnelle ou ordre de revue et non point un ordre de bataille, permettant une analyse rapide et méthodique de la composition d'une division.

DIVISION COMPLÈTE.

					Hommes	Chevaux
INFANTERIE.	Fusiliers........	8 bataill^{s} de 8 comp^{ies} de 120 h^{mes}.		7680 fusils	9,120	480
	Carabiniers à pied..	8 compagnies de 120 h^{mes}.	960			
	Carabiniers montés.	4 escadrons de 120 h^{mes}...	480			
		Carabiniers.........	1440	1440		
	Tireurs......	.... TOTAL.........		9120		
CAVALERIE.	Chasseurs.........	8 escadrons de 120 h^{mes}...	960		1,200	1,200
	Eclaireurs........	2 *id.* .... *id*	240			
	Cavaliers.....	.... TOTAL.......	1200			

				Hommes	Chevaux	Hommes	Chevaux	Hommes	Chevaux
ARTILLERIE	Pièces de 7.....	56	4 batteries montées	110	86	440	344	1,160	1,016
			2 batteries à cheval	110	130	220	260		
	Pièces de réserve.	12	2 batteries......	150	124	300	248		
	Canons.......	48							
	Mitrailleuses....	16	2 batteries.......	110	82	220	164		
			TOTAUX..........	....	....	1160	1016		
GÉNIE........	1 compagnie......................							120	

VOITURES.		Voitures	Hommes		Chevaux	
ARTILLERIE. — BATTERIES.	Caissons à 4 roues p^{r} canons de 7	54	HOMMES & CHEVAUX *comptés ci-dessus*			
	Id....... .... *id*..... de 16	18				
	Caissons à 2 roues p^{r} mitraill^{ses}.	32				
	Chars de batterie...........	12				
	Forges roulantes..........	8				
TRAIN D'ARTILLERIE.....	Fourgons à munitions........	20	80	216	100	260
TRAIN DES EQUIPAGES....	*Id.* d'approvisionnement......	20	80		100	
GÉNIE...............	*Id.* d'artifices et outils.......	1	10		12	
	Tombereaux..............	4				
INFANTERIE...........	Caissons à cartouches........	16	40		40	
AMBULANCES..........	Voitures suspendues p^{r} blessés.	2	6		8	

TOTAUX........	48 canons	16 mitraill^{ses}	187 voit^{res}	11,816 hommes	2,956 chevaux

La composition d'une division complète servant de base à la composition générale d'une armée, il en résulte que :

A 100 régiments embrigadés d'infanterie
Correspondent 50 — — de cavalerie
25 — — de carabin^{rs} montés

25 régim^ts^	(de 5 batteries de 6 pièces)	d'artillerie	montée
12 ½	—	—	à cheval
12 ½	—	—	de réserve
12 ½	— (de 5 batteries de 8 pièces)	de mitrailleuses	
25 compagnies		de sapeurs du génie	
25 —	de 20 fourgons	du train d'artillerie	
25 —	—	du train des équipges	

A ces effectifs il faut ajouter celui des troupes non embrigadées :

Artillerie à pied (régnt de 10 batteries de 6 pièces). 12 régnts

Artillerie de montagne (régiment de 5 batteries de 8 pièces) 6

Génie. Effectif réservé aux places fortes et aux services spéciaux de chemins de fer et des ballons. 2

Pontonniers......................... 1

Ouvriers d'artillerie du génie et d'intendance.

Réduisant à 24 le nombre des régiments d'artillerie montée et à 12 celui des régiments d'artillerie à cheval, d'artillerie de réserve et de mitrailleuses, dont les diverses batteries embrigadées seront remplacées par une batterie de montagne. dans certaines circonstances ; il en résultera pour l'effectif de l'artillerie, 78 régiments pour 100 régiments d'infanterie :

Artillerie montée......	24 régiments
— à pied.......	12
— de réserve....	12
— à cheval......	12
— de montagne..	6
Mitraillleuses.......	12
Total.........	78 régiments

Voyons maintenant quel effectif total représentent ces régiments, leurs dépôts compris.

		NOMBRE DE RÉGIMENTS		EFFECTIFS de RÉGIMENTS		EFFECTIFS TOTAUX	
				Hommes	Chevaux	Hommes	Chevaux
Infanterie.		100		3.120	. . .	312.000	. . . . . .
Cavalerie.		50		800	720	40.000	36.000
Carabiniers montés		25		650	600	16.250	15,000
Artillerie	montée	24	78	550	430	13.200	10,320
	à cheval . .	12		550	650	6.600	7,800
	de reserve. . .	12		750	640	9,000	7,680
	à pied.	12		600	. . .	7.200	. . . . . .
	de montagne.	6		480	Mulets 250	2.880	Mulets 1.440
	Mitrailleuses.	12		550	410	6.600	4.920
Génie.		4		1,500	. . .	6,000	. . . . . .
Train	d'artillerie. . .	3		650	800	1,950	2,400
	des équipages.	3		650	800	1.950	2,400
	du génie. . . .	5 compagnies		80	100	400	500
	d'infanterie. . (Caissons à cartouches)	pr régimnt 6 caissons		15	15	1,500	1,500
Pontonniers		1		600	200	600	200
				Totaux.		426,130	90,160

Cet effectif se résume ainsi :

HOMMES.		CHEVAUX	
Infanterie	312,000	de selle.	51,000
Cavalerie.	40,000	de trait, ou Mulets.	39,160
Carabiniers montés. . .	16,250		
Artillerie.	45,480		
Génie et Pontonniers.	6,600	Total.	90,160
Conducteurs du train.	5,800		
Total.	426,130		

Il résulte de la proportion établie ci-dessus que cent mille hommes, appelés par le recrutement, seront versés dans les différentes armes dans la proportion suivante :

Infanterie..........	73,300
Cavalerie...........	9,400
Carabiniers montés....	3,800
Artillerie...........	10,600
Génie et pontonniers..	1,550
Conducteurs du train..	1,350
TOTAL.......	100,000

Il en résulte pareillement que pour un effectif de mille hommes, on comptera dans l'armée 212 chevaux, dont 118 chevaux de selle et 94 chevaux de trait.

Les effectifs comparatifs en hommes et en chevaux sont en dehors des proportions ordinaires dans ce projet d'organisation. Mais le rôle du cheval de trait s'est accru dans l'armée dans une proportion considérable comme le poids et l'effectif du matériel roulant, et c'est là une des conditions forcées et inévitables de l'importance capitale acquise par l'artillerie et par le *tir* en général.

Cependant les difficultés budgétaires comme celles de la rapidité d'organisation seront beaucoup moindres qu'il ne semble au premier abord.

Il n'est pas nécessaire de garder en permanence tous les chevaux, et surtout les chevaux de trait. On pourra en rendre une partie au service de l'agriculture en mettant l'armée sur pied de paix, puis la réorganiser rapidement sur pied de guerre par le rappel immédiat des chevaux de trait comme des hommes formés au métier militaire.

Pour exercer sur ces chevaux une surveillance plus directe et favoriser les hommes appartenant à la réserve de l'armée pendant qu'ils sont rendus aux travaux agricoles, l'administration militaire placera ses chevaux entre leurs mains et sous la responsabilité individuelle de chacun d'eux.

Ces chevaux seront confiés de préférence aux hommes les mieux notés, à titre de récompense de leur bonne conduite et des progrès de leur instruction militaire.

Ils ne pourront quitter le département où leur régiment se trouve en garnison, et tout régiment changeant de garnison le fera avec son effectif complet de chevaux, que l'on pourra placer de nouveau chez les soldats de la réserve, cultivateurs, une fois arrivé à sa nouvelle destination.

Le grand nombre de voitures nécessaires aux services auxiliaires de l'armée ne peut opposer de difficultés sérieuses à la mobilité des troupes..

Il ne faut pas perdre de vue qu'avec l'aide des chemins de fer, ces voitures toutes chargées et placées sur des wagons plate-forme, franchiront rapidement les plus grandes distances. Puis les chevaux n'auront le plus souvent à les conduire que de la station de chemin de fer au campement, en plusieurs voyages s'il le faut, si les attelages ne sont pas au complet.

2me PARTIE.

Entrée en campagne.

Le succès d'une campagne peut souvent dépendre de la rapidité des premières opérations. Il faut donc s'efforcer de prévenir toutes les lenteurs qui peuvent être funestes au moment du départ. Deux moyens me semblent excellents pour assurer la célérité nécessaire :

1°. Maintenir en permanence les troupes embrigadées ;

2°. Prendre les mesures nécessaires pour que les divisions expéditionnaires se complètent dans le plus bref délai.

Divisions permanentes. — Les divisions n'ont pas été formées jusqu'à présent de troupes désignées d'avance. On ne les forme qu'au moment de l'entrée en campagne, en groupant des régiments quelconques et en les plaçant sous les ordres d'un général qui connaît à peine les officiers qui relèvent de lui. Il serait préférable d'avoir des divisions permanentes, formées toujours des mêmes régiments comme étaient ceux de la garde impériale.

Par exemple, la première division permanente serait toujours formée des quatre premiers régiments d'infanterie, des deux premiers régiments de cavalerie, du premier régiment de carabiniers montés, du premier régiment d'artillerie montée, des deux premières batteries des deux premiers régiments d'artillerie à cheval et d'artillerie de réserve, de la première compagnie du premier bataillon du génie, et ainsi des autres.

En temps de paix, les divisions permanentes se déplaceront sans se dissoudre, avec leurs généraux de division et de brigade suivis de leurs états-majors. Les troupes ne perdront rien de leur ancienne mobilité; mais les changements de garnison au lieu de se faire sans méthode bien déterminée, en faisant voyager les régiments dans toutes directions, se feront avec l'ensemble des mouvements stratégiques, et la fusion deviendra plus intime entre les troupes de toutes armes de chaque division, qui doivent combattre ensemble en se prêtant le secours mutuel qui fait leur force.

Il en résultera aussi un grand allégement pour le service du ministère de la guerre, qui sera ainsi décentralisé à l'avantage de l'administration des divisions permanentes.

Le service territorial que chaque général aura toujours à mener de front avec celui de ses régiments embrigadés ne lui sera pas plus à charge qu'avec le commandement des régiments qui se renouvelaient sans cesse sous ses ordres. Du reste, l'administration sédentaire des intendances et du recrutement facilitera le service territorial pour ce qui exige des connaissances locales.

Les changements de résidence des généraux suivant partout leur division ne seront guère plus fréquents qu'ils ne l'ont été par le passé.

Appel sous les armes. — Tout homme faisant partie de la réserve ou en congé temporaire de plus de dix jours doit être à même d'aller rejoindre *directement* les bataillon, escadron ou batterie de guerre auquel il appartient. Le régiment aurait-il quitté sa dernière garnison et serait-il même déjà entré en campagne, le soldat appelé ne doit pas être astreint à repasser par la ville où se trouve le dépôt de son régiment pour s'équiper avant d'aller rejoindre le corps expéditionnaire.

Pour éviter ce grave inconvénient, tout soldat faisant partie de la réserve ou allant en congé de plus de dix jours et rentrant temporairement dans ses foyers, emportera avec lui tout son équipement : effets d'habillement et de campement, armes et fourniment, excepté seulement ses munitions qui seront versées au magasin de la place.

On ne peut cependant permettre au soldat d'emporter chez lui ses armes et tout son équipement, et il doit pouvoir les reprendre au premier ordre qui l'appellera dans telle ou telle direction.

Pour cela il devra les consigner au magasin d'intendance de son arrondissement ou le plus voisin de sa commune.

L'officier d'intendance préposé à ce magasin lui en délivrera un reçu et il ne pourra régulariser sa situation, en faisant viser sa feuille de route par la gendarmerie de son canton, que sur la présentation de ce reçu.

Puis, à l'expiration de son congé, ou lorsqu'un ordre le rappellera à son corps, le soldat viendra retirer du magasin d'intendance, tout ce qu'il y a déposé à son arrivée; en présentant son reçu et son ordre de départ ou sa feuille de route visée par la gendarmerie.

Les intendances auront un septième magasin ou *magasin d'entrepôt* réservé à ce service. Les sacs, valises et effets divers des hommes en permission y seront déposés et conservés paquetés réglementairement et les armes convenablement graissées.

Ce mode d'organisation arrivant à supprimer complétement les magasins *régimentaires* remplacés par les magasins d'intendance *divisionnaires*, donnera aux régiments toute la mobilité qui leur est nécessaire, et permettra de mettre rapidement sur pied de guerre les troupes embrigadées.

Avec l'ancien système des magasins régimentaires restant dans les villes de dépôt, on a vu des hommes partant de Flandre ou de Bretagne obligés d'aller rejoindre en Provence ou en Dauphiné le dépôt de leur régiment pour s'y équiper, et se rendre de là en Champagne ou en Lorraine, sur le théâtre de la guerre. Ces hommes faisaient ainsi 150 ou 200 lieues de plus en chemin de fer qu'il n'était nécessaire pour se rendre à destination, et perdaient au moins quatre ou cinq jours à faire ce voyage inutile.

Quelques personnes craindront peut-être que la suppression d'une partie des insignes et des brillants uniformes de l'armée dont le port inspirait à chacun le sentiment de sa dignité personnelle, ne porte atteinte à son ancien prestige. Sa conservation est cependant une des puissantes sauvegardes de l'honneur traditionnel.

Mais ce que l'armée aura perdu en éclat extérieur, elle pourra aisément le gagner en considération plus sérieuse dans l'opinion publique. Ce ne sera pas seulement par la perfection de ses armes, son habileté à s'en servir et la précision de ses manœuvres que le soldat se fera estimer. Il y arrivera d'une manière beaucoup plus sûre, si l'on élève le niveau moral et intellectuel de l'armée.

Le public même le plus réfléchi n'a-t-il pas jugé les différents corps de notre ancienne armée d'après leurs qualités essentielles? et ceux dont la tenue est la plus simple ne jouissent pas d'une considération moindre que les autres. La marine, l'artillerie, les chasseurs à pied et les chasseurs d'Afrique ne sont-ils pas mis au premier rang par tout le monde pour l'importance des services rendus à la cause patriotique, le savoir, la bravoure, la fermeté de la discipline et l'habileté du maniement d'armes ?

On rehaussera la valeur morale du soldat en complétant ses connaissances pratiques, en le moralisant et en l'instruisant.

Tout soldat devra apprendre après l'école de peloton et de bataillon, et le maniement d'armes, à servir un canon, à construire les fortifications volantes, et surtout à se servir des sacs à terre pour se défiler ou se retrancher rapidement en toutes positions. Ces deux suppléments de connaissance pratique deviennent nécessaires dans les conditions nouvelles de la guerre.

On s'efforcera de développer chez le soldat le respect religieux du drapeau et l'esprit de discipline qui se révèlera par l'exactitude irréprochable du service, les marques de déférence pour ses chefs et sa bonne conduite en dehors du service. Pour l'assurer, on punira très-sévèrement tout soldat qui fera partie d'une société secrète, qui aura pris part à une réunion clandestine ou à quelque manifestation démagogique avec le peuple des villes de garnison, ou bien encore celui dont la conduite ou les paroles auront été une cause de scandale pour les autres en portant atteinte à l'esprit de devoir et de discipline. Tout sous-officier qui se rendrait coupable de l'une de ces fautes serait cassé et puni avec une plus grande rigueur.

Pour éviter au soldat les loisirs funestes de la vie de garnison qui tendent à le démoraliser, et lui rendre le temps qu'il passe à l'armée, profitable pour l'avenir, on obligera tous les hommes qui ne sont pas de service à aller tous les jours à l'école régimentaire jusqu'à ce qu'ils aient justifié de connaissances suffisantes ou d'incapacité absolue. Tous les jeunes gens quitteront l'armée après y avoir acquis cette première partie de l'instruction primaire, que chacun est heureux de posséder et qui lui est si utile quelle que soit sa profession.

Tout soldat faisant abnégation de sa volonté pour se soumettre à la discipline, elle peut lui imposer l'obligation de s'instruire aussi bien que d'apprendre le maniement d'armes, sans manquer au respect que la loi doit au chef de famille, comme le voudraient les partisans de l'instruction obligatoire.

Ce qui s'applique en cela aux soldats peut avec autant de raison s'appliquer aux sous-officiers et aux officiers. Une des conditions les plus nécessaires à leur avancement sera pour les sous-officiers l'assiduité et les progrès réalisés aux cours faits à leur usage par quelques officiers. Pour ceux-ci, ce sera en majeure partie l'instruction dont ils justifieront, en satisfaisant aux épreuves d'une commission d'avancement qui fonctionnera à l'époque des inspections générales.

La solidarité qui règne dans une armée est telle qu'elle ne pourra progresser et s'améliorer dans toutes ses parties que si l'exemple et la bonne impulsion lui viennent d'en haut.

FIN

TABLE DES MATIÈRES.

Clermont, typ. de Ferd. Thibaud.

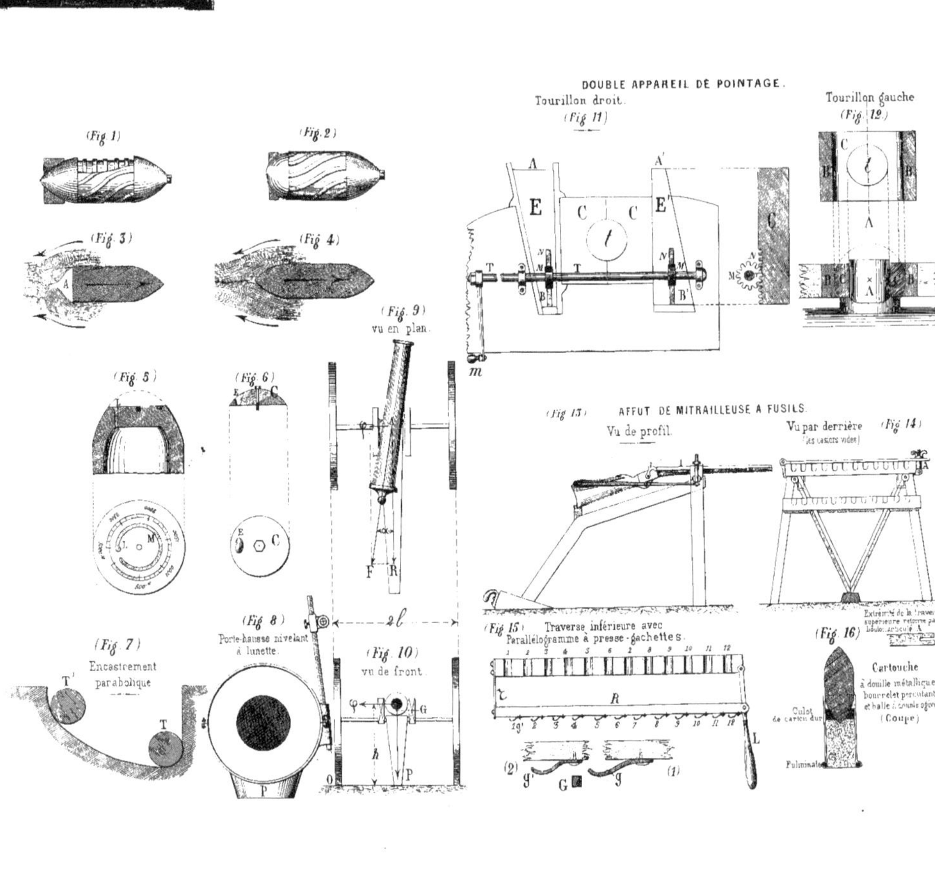

DOUBLE APPAREIL DE POINTAGE.
Tourillon droit.
(Fig. 11)
Tourillon gauche
(Fig. 12)
(Fig. 1)
(Fig. 2)
(Fig. 3)
(Fig. 4)
(Fig. 9)
vu en plan.
(Fig. 5)
(Fig. 6)
(Fig. 13)
AFFUT DE MITRAILLEUSE A FUSILS.
Vu de profil.
Vu par derrière
(les canons vides)
(Fig. 14)
(Fig. 7)
Encastrement parabolique
(Fig. 8)
Porte-hausse nivelant à lunette.
(Fig. 10)
vu de front.
(Fig. 15)
Traverse inférieure avec Parallélogramme à presse-gachettes.
(Fig. 16)
Cartouche
à douille métallique bourrelet percutant et balle à double ogive
(Coupe)
Culot de carton dur
Fulminate

DIVISION COMPLÈTE

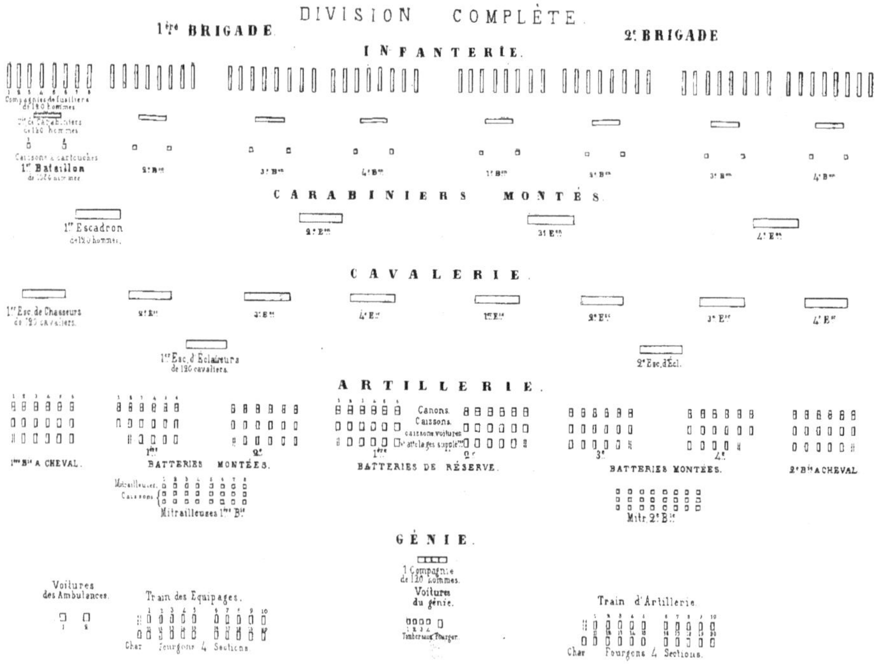

1ère BRIGADE — **2e BRIGADE**

INFANTERIE.

1 2 3 4 5 6 7 8
Compagnies de fusiliers de 120 hommes
Cie de Carabiniers de 120 hommes
Caissons à cartouches
1er Bataillon de 1026 hommes

2e Bon — 3e Bon — 4e Bon — 1er Bon — 2e Bon — 3e Bon — 4e Bon

CARABINIERS MONTÉS.

1er Escadron de 120 hommes — 2e Eon — 3e Eon — 4e Eon

CAVALERIE.

1er Esc. de Chasseurs de 120 cavaliers — 2e Eon — 3e Eon — 4e Eon — 1er Eon — 2e Eon — 3e Eon — 4e Eon

1er Esc. d'Éclaireurs de 120 cavaliers — 2e Esc. d'Écl.

ARTILLERIE.

1ère Bie A CHEVAL.

1re — 2e BATTERIES MONTÉES.

Canons. Caissons. Caissons voitures et attelages supplémres

1ère — 2e BATTERIES DE RÉSERVE.

3e — 4e BATTERIES MONTÉES.

2e Bie A CHEVAL.

Mitrailleuses. Caissons
Mitrailleuses 1ère Bie

Mitr. 2e Bie

GÉNIE.

1 Compagnie de 120 hommes.

Voitures des Ambulances.
1 2

Train des Equipages.
1 2 3 4 5 6 7 8 9 10
Char Fourgons 4 Sections

Voitures du génie.
1 2 3 4
Tombereaux Fourgon

Train d'Artillerie.
1 2 3 4 5 6 7 8 9 10
Char Fourgons 4 Sections